Autor Walter Henkels
in der
nördlichen Tundra
(Foto: Henkels)

WALTER HENKELS

EISMEERPATROUILLE

Als Kriegsflieger in der Arktis

WILHELM HEYNE VERLAG
MÜNCHEN

HEYNE ALLGEMEINE REIHE
Nr. 01/6039

6. Auflage

Genehmigte, ungekürzte Taschenbuchausgabe

Printed in Germany 1994
Umschlagfoto: Süddeutscher Verlag, Bilderdienst, München
Umschlaggestaltung: Atelier Heinrichs & Schütz, München
Gesamtherstellung: Ebner Ulm

ISBN 3-453-01541-X

Inhalt

Mit unsäglicher Mühe ist das Auge des Menschen Stück für Stück nach Norden vorgedrungen, über Berge und Wälder und Tundra und durch die Nebel längs der öden Eismeerküsten – in die große Stille, wo so viele Kämpfe und Leiden sich abspielten, so manche traurige Niederlage, wo so mancher stolze Sieger spurlos in Eis und Schnee verschwand. Hier ist das große Gefilde der Einsamkeit. Alles Menschenwerk verschwindet wie die Fahrrinne des Schiffes im Eise.

Fridtjof Nansen

Der Kampf im Eismeer war eine der schlimmsten Episoden des gesamten Seekrieges. Das düstere Geschick eines jeden Schiffes gäbe Stoff zu einer Saga.

Winston Churchill

Wovon die Rede ist

I. Luftkrieg in der Arktis

Daß ich mich erst nach fünfunddreißig Jahren dazu entschloß, zwei Jahre, die ich nördlich des Polarkreises als Flieger zubrachte, zum Thema eines Buches zu machen, mag an dem Trümmerfeld liegen, das dazwischen liegt.

Nach dem Zweiten Weltkrieg gab es bei meiner Generation einen automatischen Verdrängungsmechanismus. Wir mußten dies alles, den Krieg und die Kriegsgefangenschaft, in einem Hungerlager mit Ödemen und Dystrophie bewältigen. Ein düsteres Kolossalgemälde luziferischen Ausmaßes blieb als Erinnerungsbild zurück.

Das Thema handelt vom Luftkrieg in den Regionen der Arktis, vom Nordpolarmeer mit dem Golfstrom, der »Zentralheizung aus dem Golf von Mexiko«, vom Dach Europas, wie es genannt wurde, wo ich als Kriegsberichter der deutschen Luftwaffe von 1942 bis 1944 geflogen bin, bei Seefliegern, Kampffliegern, bei Fernaufklärern, aber auch bei Wetterfliegern, die taktische Aufklärung flogen. Leidliche Kompetenz kann ich mir auch bei Jagdfliegern zusprechen, obgleich dort kein Kriegsberichter mitfliegen konnte. Die Luftkämpfe von Jagdfliegern waren von einer trancehaften Zwangsläufigkeit. Jagdflieger waren Todgeweihte.

Vierundfünfzig mitgeflogene Einsätze genügen, um das unbarmherzige Meer von den Färöern über Island, Grönland, Jan Mayen, der Bäreninsel, Spitzbergen und Murmansk bis Nowaja Semlja und zur Insel Waigatsch, also vom Grönländischen Meer bis zur Barentssee und zum Karischen Meer aus der Flugzeugkanzel kennenzulernen. Es war, obwohl Jahre mörderischer, kriegerischer Turbulenzen mit »dem ganzen Schreckenspomp des Krieges« (Kleist), die Welt des großen, weißen Schweigens.

Ich bin insofern sachkundig, als ich viele Male in den Kanzeln oder Wannen von Propellerflugzeugen gelegen oder im Kanonenstand von Viermots (FW 200) gesessen habe, als Bordschütze oder Beobachter, aber niemals mußte ich auf einen Menschen schießen. Ich habe hinter einem MG gelegen und an der Ostküste Grönlands auf einen Eisbären, über der Bäreninsel in riesige Vogelschwärme, über dem Südostland von Spitzbergen auf Ren und vom Fieseler Storch aus über der Tundra in wenig weidmännischer Kondition auf einen Elch geschossen. Die Kommandanten der Heinkel- und Junkers-Maschinen sagten jeweils, indem sie die Maschinen hinunterdrückten: »Wir müssen die Waffe einschießen, geben Sie mal ein paar Feuerstöße ab.«

II. Widmung

Dieses Buch möchte ich einigen Kriegsberichterkollegen widmen, gewissermaßen den Nestoren der Kriegsberichterstattung: Johann Wolfgang von Goethe, Theodor Fontane, Detlev von Liliencron, Winston Churchill und Ernest Hemingway. Sie hatten natürlich andere Feldpostnummern. Die Herren werden es still geschehen lassen. Auch Ernst Jünger und Ernst Rowohlt werden nichts dagegen haben, daß ich sie nenne. Nur: die hier genannten Kollegen waren Nichtkombattanten, während wir Kombattantenstatus hatten; wir saßen in Flugzeugkanzeln, U-Booten und Panzern.

Es muß erlaubt sein, der Widmung eine kleine Expedition ins Persönliche folgen zu lassen. Das Buch soll auch meiner Frau gewidmet sein, die in Ny-Alesund auf Spitzbergen, einer kleinen Bergarbeitersiedlung, geboren wurde, als Tochter eines deutschen Arztes, der mit Frau und vier Kindern hier acht Jahre zubrachte. Er hat die Nordpolexpedition von Roald Amundsen, der später verschollen blieb, als Arzt betreut und den Amerikaner Richard E. Byrd, der als erster mit dem Flugzeug zum Pol hin und zurück flog, und den italienischen General Nobile, der mit seinem Luftschiff bei Spitzbergen strandete, erlebt. Amundsen hat meine Frau als Kleinkind auf dem Arm getragen. Ny-Alesund, schreibt Alfred Andersch in seinen »Hohen Breitengraden«, ist der nördlichste Ort der Welt, er liegt höher im Norden als Thule. Und man darf hinzufügen, die arktische Inselgruppe Spitzbergen liegt nördlicher als jeder andere bewohnte Ort dieser Erde. Keines anderen Deutschen Wiege stand also näher am Nordpol als die meiner Frau.

III. Was ist das, die Arktis?

Die Griechen nannten das Sternbild des Großen Bären Arktos, den sie immer im Norden erblickten; von daher stammt das Wort Arktis.

Der sowjetische Polarforscher Pavel Gordijenko (geboren 1913, der 1967 sein Werk »Die Polarforschung der Sowjetunion« herausbrachte), der Tausende von Flugstunden in der

Arktis verbrachte, viele Male auf Polarstationen überwinterte, hält nicht die nördliche Baumgrenze, nicht die Linie, nördlich deren das ganze Jahr hindurch Eis oder Schnee anzutreffen ist, oder die Linie, auf der sich das Nordlicht am häufigsten wiederholt, oder wo sich die Eisgrenze am weitesten zurückzieht, sondern schlichtweg: die südliche Grenze der Arktis für den nördlichen Polarkreis. Diese Ansicht ist von der Wissenschaft allgemein akzeptiert. Womöglich sind wir deutschen Flieger dem Sowjetrussen Gordijenko im letzten Krieg begegnet; auf Spitzbergen duldeten sich zwei bemannte Wetterstationen der Deutschen und der Sowjets in einer Entfernung von dreißig Kilometern.

Die Arktis war für die Flieger in der Verlassenheit und Verlorenheit immer eine gefährliche Widersacherin, denn der Kampf wurde geführt gegen einen unsichtbaren Feind, der immer Böigkeit, Schlechtwetter, Sturm, Windstärken 7, 8 oder 9, Schnee, Regen oder Graupel geheißen und dessen schlimmstes, fratzenhaftes Wort Vereisung der Maschine hieß.

Und noch eins der großen Probleme für die Flieger: Beim Instrumentenflug, also beim Blindfliegen, gab es über Land bei der Navigation Schwierigkeiten, weil es in Nordeuropa beträchtliche Erz- und Nickelvorkommen gibt, wobei der Kompaß versagte. Über der weiten See spielte der Erdmagnetismus eine Rolle, der die Magnetnadeln der Fliegerkompasse unruhig hin und her schwanken ließ. Das Nordlicht, eine Leuchterscheinung der hohen Atmosphäre mit stark wechselnder Intensität, Farbe und Form, hatte Einfluß auf die Fluginstrumente.

IV. In einer Eismeerbaracke

Dieses Buch soll den Luft- und Seekrieg in den Polarregionen weder archivieren noch den Kriegshistorikern zur Hand gehen. Die Historiker haben das ohnehin längst besorgt. Literatur zum Zweiten Weltkrieg gibt es schon genügend, auch zum Seekrieg in der Arktis. Ich habe vorwiegend eine vom Arbeitskreis für Wehrforschung und von der Bibliothek für Zeitgeschichte herausgegebene »Chronik des Seekrieges 1939–1945« (von J. Rohwer und G. Hümmelchen, Gerhard Stalling Verlag, Oldenburg und Hamburg, 1968) benutzt. Hier möchte ich mich ausdrücklich bei Professor Jürgen Rohwer, Stuttgart, bedanken. Wesentliche und typische Ereignisse des Luft- und Seekrieges in diesen Breiten aus den Jahren 1942 bis 1944, die ich meist aus einer Flugzeugkanzel in der Polarregion erlebte, sind den wehrwissenschaftlichen Aufzeichnungen von Rohwer/Hümmelchen entnommen und meinen Berichten vorangestellt. Diese präzisen und konzentrierten Angaben sind hier zu Rate gezogen.

Mit Stillschweigen möchte ich nicht übergehen, daß meine eigenen essayhaften Aufzeichnungen aus jenen Jahren hier und da gewissermaßen repariert und »ausgebessert« und von Zwischentönen gereinigt wurden. Das Wort »Held« brauchte nicht gelöscht zu werden, es kam nicht vor. Es zeigte sich, daß dieser Krieg keine Sprache mehr für die Helden Homers hatte, auch wenn Goebbels am liebsten wieder die fünffüßigen Jamben in die Kriegsberichterstattung eingeführt hätte: »Fest Dir entgegenzustehen, ich töte Dich, oder ich falle.« Achilles, den schönsten, schnellsten und tapfersten Helden, gab es nicht mal unter den Jagdfliegern mit ihren hohen Dekorationen am Halse.

Hier wird nichts heroisiert, und von ruhmreicher Vergangenheit steht nichts geschrieben. Ich geniere mich nicht, gelegentlich die Wörter Mut, Tapferkeit, Angst und Hosenschiß zu verwenden. Es war eine besondere Sorte Angst und Furcht, die hier grassierte. Ich gebe keine Dementi, wenn ich gefragt werde, ob ich bei einem turbulenten Einsatz über dem Eismeer schon einmal in die Hose gemacht hätte. Das Scheißthrönchen im hinteren Rumpf der Focke-Wulf 200 erreichte ich nicht mal mit Müh und Not.

Bei mir sterben die meisten Flieger. Die vielen Tode waren keiner Sondermeldung wert; die wären ohnehin vom Zensor im Oberkommando der Wehrmacht unterdrückt worden.

V. Mittsommernacht

Es ist ohne Zweifel etwas zugunsten des Satzes zu sagen, die Arktis sei die Wetterküche des Planeten. Das Klima ist für Mitteleuropäer absonderlich. Ein halbes Jahr Dunkelheit – vom 24. September bis 20. März –, ein halbes Jahr Mittsommernacht – vom 21. März bis 23. September – schlägt jeden Mitteleuropäer in Bann. Im September liegt *schon,* im Juni *noch* Schnee. Sei dies, wie es sein will, so genau braucht man das nicht zu nehmen. Es herrscht im Winter keine totale Dunkelheit und im Sommer keine totale Helle. Vom 15. November bis 28. Januar dauert die Dämmerung nur wenige Tage, um den 22. Dezember ist es eine sehr dunkle, aber nach und nach über Mittag immer heller werdende Dämmerung. Am 20. Februar erscheint erstmalig mittags die Sonne über dem Horizont. Schon vom 8. März an und noch deutlicher ab 1. April wird die Sonnenbahn »gekrümmter«, das Szenarium des Globusses wird von zunehmender Helligkeit abgelöst. Am 19. April scheint die Sonne auch um Mitternacht; mit anderen Worten: es ist ständiger Tag. Von unserer kalendermäßigen Sommersonnenwende am 21. Juni an verliert das Sonnengestirn an Helligkeit. Tag- und Nachtwechsel setzt am 26. August ein, die Tage werden wieder kürzer.

Die Sonnenenergie ist für die sich zusammenbrauenden Wetter oft ursächlich. Die ausgesandte Sonnenenergie gibt der Nordpolkappe mehr sommerliche Dauerbeleuchtung als jedem anderen Punkt der Erde. Das darf allerdings nicht täuschen, denn die Intensität hängt von der Dicke der Luftschicht ab.

Alles das, was das Klima ausmacht, die Sonnenstrahlung, die Temperaturverteilung, Schneegrenze, Frostboden, Luftdruck, Winde, Meeresströmungen, Golfstrom, Meereis, Eisberge lernten die Flieger kennen. Noch nach mehr als drei Jahrzehnten hat man eine deutliche Erinnerung an diese Wetterküche des Planeten: Stürme, Vereisung der Maschinen, Wolkengebirge, Nebel, Kälte, Eis, Schneesturm, sogar Blauhimmel wie unter südlichen Gestirnen. Der Raum ist unermeßlich.

VI. Drei Fliegerführer: Nordmeer, Lofoten, Eismeer

In den Jahren 1942 bis 1944 zählten zur Luftflotte 5 (Norwegen-Finnland unter dem Generalobersten Hans-Jürgen Stumpff) mit den Fliegerführern Nordmeer (Oberst Hermann Busch in Drontheim-Lademoen), Lofoten (Generalmajor Ernst-August Roth in Bardufoss) und Eismeer (Generalmajor Alexander Holle in Kirkenes):

die I. und III. Gruppe des Kampfgeschers 26 (He 111, Ju 88 und Ju 188) in Bardufoss und Banak (die beiden Junkers-Maschinen später umgerüstet auf Torpedo), das Kampfgeschwader 30 (Ju 88) in Banak, die I. Gruppe des Stukageschwaders 5 (Ju 87) in Kirkenes,

die I. Gruppe des Kampfgeschwaders 40 (FW 200 – »Condor«) in Vaernes,

die Fernaufklärerstaffeln I. (F) 124 und I. (F) 22 (Ju 88) in Bardufoss, Alta, Banak und Kirkenes, die Westa 5 und 6 (Wettererkundungsstaffeln He 111 und Ju 88) in Vaernes und Banak,

die Küstenfliegergruppen 406 und 906 (He 115 und BV 138-Flugboote) in Hommelvik und Tromsö, zwei Gruppen des Jagdgeschwaders 5 »Eismeerjäger« (Me 109 und Me 110) in Petsamo, Salmijärvi, Nautsi.

VII. Im großen Spiel der Kräfte

Daß auch die Arktis im Zweiten Weltkrieg in den Bannkreis der großen kriegerischen Auseinandersetzung geriet, war allzu selbstverständlich, als die Entfernungen durch das Flugzeug zusammenschrumpften, als Grönland, Spitzbergen und Nowaja Semlja im Aktionsradius der Luftwaffen lagen. Aber der Kampf, der hier ausgetragen wurde, war vorwiegend ein Kampf gegen die Naturgewalten. Um große Wellen schlagen zu lassen, bedarf es nur eines Steins, sagte der Dichter. Im Eismeer war das anders. Im großen Spiel der Kräfte waren die Regionen des ewigen Eises wichtig geworden, auch sie hatten für hüben und drüben strategische Bedeutung. Spitzbergen spielte bei allen Generalstäben eine Rolle. Denn Tag für Tag »krebsten« über Spitzbergen die Flugzeuge der Kriegsgegner, über »Svalbard«, wie es die Norweger, »Land am kalten Rande« (am Rande des Packeises nämlich), wie das »Landnamabok« von Island es nannte.

Dramatische Kämpfe sind im Eismeer, zwischen dem europäischen Nordkap und Spitzbergen, der sogenannten Nordpassage zwischen Amerika und Murmansk-Archangelsk, ausgetragen worden. Sie gingen in die Wehrmachtsberichte aller Welt als die großen Geleitzugschlachten im Eismeer ein. Viele amerikanische, britische und sowjetische Schiffe, viele deutsche Schiffe, U-Boote und Flugzeuge sind hier »zu den Fischen gegangen«, wie die Mariner es ausdrückten, oder »in den Bach gefallen«, wie die Flieger sagten.

Die Kriegshistorie gibt Auskunft. In den »Informationen für die Truppe«, herausgegeben vom Führungsstab der Bundeswehr im Dezember 1963, wurden die Geleitzüge nach Murmansk dargestellt. Die kürzeste, aber gefährlichste Route für die Amerikaner, um den Sowjets zu helfen, führte von Nordschottland oder Island am Nordkap oder der Bäreninsel vorbei nach den nordsibirischen Häfen von Murmansk oder Archangelsk.

Der Hafen Murmansk war fast immer eisfrei, Archangelsk nicht. Der Nachteil der Nordroute: Sie lag im Aktionsbereich der deutschen Kriegsmarine und Luftwaffe. Weit nach Norden ausweichend nahmen die Geleitzüge, dicht an der Packeisgrenze fahrend, ihren Kurs auf die sowjetischen Häfen. Bei der britischen Admiralität war Commander P.Q. Roberts mit der Vorbereitung der Geleite betraut. Nach ihm wurden die Konvois mit den Kennbuchstaben »PQ«, die aus der Sowjetunion zurückkehrenden mit den Buchstaben »QP« benannt. Später trugen die Geleitzüge die Kennbuchstaben »JW«, die zurückkehrenden die Buchstaben »RA«.

Der erste Geleitzug, PQ 1, verließ Reykjavik (Island) am 29. September 1941. Bis auf zwei Schiffsverluste erreichten die ersten zwölf Geleitzüge unversehrt die sowjetischen Bestimmungshäfen. Allein während der ersten vier Monate gelang der Transport von, unter anderem, 600 Panzern, 800 Flugzeugen und 1400 Kraftfahrzeugen. PQ 17 lief, wie genaue Agentenmeldungen aus Island ergaben, am 27. Juni 1942 von Reykjavik aus: Zu ihm gehörten dreiunddreißig Frachter, die insgesamt 188 000 Tonnen Kriegsmaterial geladen hatten. Es hätte ausgereicht, vermerken die »Informationen«, mehrere sowjetische Divisionen und Luftgeschwader auszurüsten. Beim Angriff auf diesen PQ 17 versenkten deutsche U-Boote, Bomber- und Torpedoflugzeuge zweiundzwanzig Frachter mit 123 000 Tonnen der Gesamtladung. Das »Schlachten« im wahrsten Sinne des Wortes ging vor sich. Das Eismeer war eine Stätte des Grauens.

Von den deutschen Fliegerhorsten Vaernes, Bardufoss, Tromsö, Alta, Banak südlich des Nordkaps und Kirkenes starteten die deutschen Torpedo- und Kampfgeschwader, Heinkel 111- und Junkers 88-Verbände, um den gesamten Konvoi zu vernichten. Zahlreiche Schiffe, Flugzeuge und U-Boote versanken im Eismeer und wurden das Grab ungezählter Soldaten von hüben und drüben. Die Verluste veranlaßten den Oberbefehlshaber der Luftflotte 5, Generaloberst Stumpff, weitere Einsätze auf den Geleitzug zu verbieten. Göring befahl indessen kategorisch, ohne Rücksicht auf die eintretenden Verluste, die Angriffe auf das Geleit aus Prestigegründen weiterzufliegen. Die eingesetzten Fliegerverbände erlitten große Verluste, da die Maschinen mit ihren Torpedos im Tiefstflug bis auf 400 Meter an die feindlichen Schiffe heranfliegen mußten, um ihre »Aale« loszuwerden. Seitdem galt der Nordkurs bei den alliierten Seeleuten als Todesstrecke.

Am 7. September 1942 ging PQ 18 von Reykjavik auf die Reise. Die militärische Lage der Sowjetunion hatte sich durch den Vorstoß der deutschen Wehrmacht auf Stalingrad und den Kaukasus besorgniserregend entwickelt. Die Westmächte beschlossen augenblicklich neue Zufuhren. PQ 18 verlor von seinen neununddreißig Frachtern insgesamt dreizehn. Nach diesem erneuten Mißerfolg der Alliierten liefen bis zum Dezember 1942 nur »Einzelfahrer« nach Murmansk aus. Von siebenunddreißig dieser Frachter gingen neun verloren.

Während der dunklen Wintermonate Anfang 1943 erreichten zwei weitere Konvois bis auf wenige Verluste ihre Zielhäfen. Die Geleitzüge im Nordmeer wurden auch danach nicht eingestellt. Elf Frachter und elf Sicherungsfahrzeuge wurden versenkt. Inzwischen war auch das deutsche Schlachtschiff »Scharnhorst« untergegangen, das mit fünf Zerstörern den Befehl bekommen hatte, den alliierten Dezemberkonvoi »JW 55-B« anzugreifen. Von der 1900köpfigen Besatzung der »Scharnhorst« wurden nur sechsunddreißig Mann gerettet. Schon 1943 wurden die deutschen Luftwaffen- und U-Boot-Angriffe immer seltener, die Abwehr des Gegners stärker, die deutschen Verluste überstiegen die Neubauten. Insgesamt wurden 2660 Schiffsladungen in die Sowjetunion geschickt. Die deutschen Erfolge waren bescheiden: Auf der Murmanskroute konnten nur siebenundsiebzig Schiffe des Gegners versenkt werden. Die Truppeninformation sagt auch, was die Sowjets von den Amerikanern bekamen: 17 246 Flugzeuge, 150 000 Panzer, 8200 Geschütze, 427 284 Lastkraftwagen, 50 000 Jeeps, 35 170 Motorräder, ferner 345 735 Tonnen Munition, Granaten und Minen, 4,5 Millionen Tonnen Fleischkonserven, 2,5 Millionen Tonnen Benzin, 2,6 Millionen Tonnen Stahl, 3 Millionen Stück Autoreifen.

VIII. Das Unwägbare eines Fliegerlebens

In diesem Buch wird es das Wort »Held« nicht geben, ich sagte es. Auch Heldentum, Heldentat und – wenn sie die letzte Reise angetreten hatten, von der es keine Heimkehr gab – Heldentod wird man vergebens suchen. Zu den Seltsamkeiten des Lebens dieser Flieger gehörte das Unwägbare. Der alte Goethe hat geschrieben, es still zu verehren. Aber Goethe hat gewiß nicht an Kriegsflieger gedacht, die er noch nicht kennen konnte; er hätte sonst begriffsstutzig sein müssen. Es ist, als hätten die Flieger die Stürme und das bunte Spiel aller Zufälligkeiten gebraucht, um auf beiden Beinen stehen zu können und sich für ihr Soldatenleben zu entschädigen. Jeder versuchte das Rätsel in seinem Leben am Eismeer in seiner Weise zu lösen. Zwei mal zwei war nicht mehr vier, sondern fünf oder fünfundvierzig.

Das Wort Vaterland, oder das, was sie dafür zu halten hatten, war pervertiert. Das war kein anonymes Mißtrauensvotum gegen dieses Vaterland, aber es mußte in anderen Kategorien gedacht und gefühlt werden. Befehl, Gehorsam und die Fähigkeit zur fanatischen Hingabe gab es auch hier. Getrieben waren sie übrigens nicht vom Haß gegen »die Russen« oder die »Sowjets«, obwohl die deutschen Propagandaformeln von den »Bolschewisten« oder »Bolschewiken«, die von drüben von den »Faschisten« sprachen. Allenfalls wurden sie dazu erzogen, daß man Dekorierungen auf den Anzug bekommen könne, und die hatten die Flieger, die im Einsatz standen, alle, es wurde genau Buch über ihr Fliegen geführt.

Nördlich des Polarkreises wurde eine Existenzform gelebt, die nur eine minimale Würde zuließ. Die Gegend, wo es keine Frauen gab, machte die Soldaten kaputt. Sie lebten hier in einem »sexuellen Notstandsgebiet«, wie sie sagten. Homosexualität kam in dieser Männergesellschaft öfter vor, als Kommandeure ahnten. Psychische Dachschäden hat es nicht gegeben.

Wir Kriegsberichter versuchten, das Drum und Dran des Krieges auf die Dimension eines Kraft-durch-Freude-Aktes schrumpfen zu lassen, und zwar in Sätzen, die weh taten, schon weil die Syntax nicht stimmte. Gleichwohl möchte ich sagen, daß journalistische Overgags in diesem Buch unterblieben sind. Unsere Berichte, in denen kein toter deutscher Soldat vorkommen durfte, waren nur unter den einen Hut zu bringen: Propaganda. Hätten die Soldaten mehr Alkohol bekommen, hätten sie sich zu Tode gesoffen. Bei vollem Verstand waren sie in ihren Baracken nicht bei Trost.

Hingegen: Je mehr tote Sowjetsoldaten, je mehr tote Amerikaner und Engländer von den Filmberichtern, die die Wochenschauen belieferten, gezeigt wurden, um so besser. Ich bin ein sachkundiger Mann. Von mir erschien 1942 in der Wochenzeitung »Das Reich« ein Aufsatz »Runen des Krieges« über den Hauptmann Johannes Zemsky aus Wien, einen Stukaflieger, den ich vor Stalingrad kennengelernt hatte. Man wußte bei diesen »Stukateuren« nie, was Realität und Fiktion war. Man möge sich die Fotografien dieses Hauptmanns ansehen, hatte ich geschrieben. »Das Reich« veröffentlichte beide Fotos, im Abstand von einem Jahr aufgenommen. Die Gesichter dieser Flieger, die so schnell alterten, sagten es alle: Zum Tode verurteilt. Goebbels tobte, als er diesen Aufsatz gelesen hatte: Welcher junge Mann werde sich jetzt noch freiwillig zur Luftwaffe melden!

IX. 11 375 tote deutsche Soldaten

Diese Stücke in »Eismeerpatrouille« sind Momentaufnahmen. Ich würde das Buch in die Kategorie Sachbuch verweisen. Es ist kein »Roman«. Die beiden großen Geleitzugschlachten im Eismeer um PQ 17 und PQ 18 vom Sommer 1942 erlebte ich nicht, da ich erst in den ersten Oktobertagen 1942, vom Kaukasus kommend, zum hohen Norden versetzt worden war.

Der Kriegsberichterstattung war, wie man weiß, die Zwangsjacke angelegt. Hier gibt es kaum den Ansatz zur Darstellung dramatischer Aktionen und Aktivitäten. Bei den Fliegern im hohen Norden waren es nur die Jagdflieger um Murmansk, die Himmel und Hölle in sich trugen und Gott und dem Teufel ihr Schicksal überlassen mußten. Die anderen Flieger hatten es überwiegend mit Geleitzügen und den schrecklichen Naturgewalten zu tun. In diesem Buch gibt es erfundene Namen, Pseudonyme gewissermaßen, nicht alle sind sie erfunden. Der Kriegsberichterstattung war verboten, Namen zu nennen und Tote zu beklagen. Dabei liegen allein in Norwegen, diesem von den Deutschen und ihrem Krieg geschundenen Land, 11 375 deutsche Soldaten bestattet, 4213 nördlich des Polarkreises (Narvik 1471, Botn-Rognan 2742). An der finnischen Front sind etwa 15 000 deutsche Soldaten gefallen, 2509 davon liegen in Rovaniemi-Norvajärvi bestattet. Es waren die einsamsten Taten dieses Krieges, die hier, nördlich des Polarkreises, vollbracht wurden.

Wachtberg-Ließem
über Bad Godesberg, Herbst 1978 W. H.

Wer Glück hat, dem legt der Hahn ein Ei

Alles lebende Leichname

Ein Hund, den sie Bonifatius nannten, lag neben dem bullernden Öfchen. Seine Zottelohren umrahmten den ganzen Kopf, und da dem schlafenden Tier ab und zu Knurrlaute entfuhren, stellte Wölfchen sachlich fest: Er träumt. Es war in einer Eismeerbaracke.

Der, über den ich hier berichte, ist ein Leutnant der Fliegertruppe, ein Kampfflieger, der mehr als einmal auf Knöpfe gedrückt hatte, um Bomben auszulösen. Die Kameradschaft und Freundschaft, die mich mit ihm verband, erlaubte es wohl, seinen Namen zu unterdrücken und dennoch das Vertrauen zu nutzen und etwas aus seinem Inneren preiszugeben, zumal es sich um Dinge drehte, die viele von uns Soldaten anrührten. Wolfgang T. von der Mosel hat den Krieg nicht überlebt.

Wir empfanden es alle mehr oder weniger, wie wir innerlich verwandelt wurden durch die Läufte dieser Kriegszeiten. Und so mochte auch damals seine hurtige Meditation über das veränderte Lebensgefühl mehr Empfundenes als Gegenständliches zur Sprache bringen. Denn der Wandel des Geistes, des Lebensgefühls, ja, des Charakters war nun einmal eine Tatsache. Die äußeren Erscheinungen, die jeder in diesen Kriegsjahren in sich aufnehmen mußte, prägten und formten uns, wie man gern sagt, wie in einem Schmelztiegel. Flieger und U-Boot-Fahrer waren eigentlich alles lebende Leichname. Ihre Tage waren allesamt gezählt. Das Wort Mut oder gar Heldenmut war ein Produkt literarischer oder propagandistischer Romantik, made in Germany. Und vielleicht noch bei den alten Griechen.

Jeder Fremde, der den Leutnant zuerst sah, hielt ihn für einen etwas zarten Jüngling; er war klein von Gestalt, und der rundliche Kopf schien von bäuerlicher Abkunft. Mit dem Tode hatte er schon einige Karten ausgespielt.

Als Requisit seiner rheinischen Heimat hatte er einen Gaumen für den Wein mitgebracht (er war nicht umsonst der Sohn eines Weingroßhändlers), der einem echten Weinkieser alle Ehre gemacht hätte. Er besaß manchmal, soweit dergleichen hier oben im hohen Norden möglich war, noch eine Flasche aus bekannten Lagen. Heute also war dergleichen möglich. Er hatte den Wein aus dem Urlaub mitgebracht.

Bonifatius schlief. Es war Sonntag, wenn der Kalender recht hatte. Der Ofen bullerte. Der Soldatensender Finnmark brachte Kleinigkeiten, die Freude bereiten. Draußen war es Dezember, obschon es März war. Unser Leutnant holte zwei grüne Flaschen Mosel. Den schrägen Dingen des Lebens etwas abknöpfen, das ist wahr, der Leutnant konnte das.

Er begann also:

»Da hast du's. Wir haben zu Hause was abgekriegt beim letzten Angriff auf Trier. Bomben sind gefallen. Die Zimmer sind ausgebrannt, auch meines, aber was blieb? Der Weinkeller. Nicht eine einzige Flasche ist kaputt, schreibt mein alter Herr. Was sagt der Prophet? Bei Gott ist kein Ding unmöglich. Und wer Glück hat, sagte meine Mutter immer, dem legt der Hahn ein Ei. Es ist möglich, daß alles verbrennt, auch meine Jünglingsbude, wahrscheinlich auch meine Briefmarkensammlung. Aber was bleibt? Der Wein! Nicht eine einzige Flasche ging kaputt.« Der Leutnant hob die Tasse mit dem Wein aus Bernkastel.

»Der Bernkasteler, das brauchen wir von Rhein und Mosel nicht erst zu sagen, läßt bald jene anakreontische Ausgelassenheit wirksam werden, die immer der Übergang vom Ernst zum Scherz ist. Und umgekehrt. Das Glück ist der Dummen Vormund«, zitierte Wölfchen noch mal seine Mutter.

»Nein«, fuhr er fort. »man hat mir an der Wiege nicht gesungen, daß ich mal ein halbes hundertmal als Luftkutscher hier am Eismeer fliegen würde, nach Murmansk, auf Geleitzüge. Weine en gros sollte ich verkaufen.

Wie war das, als wir ausrückten? Die Weinstöcke blühten noch nicht, und ich ging mit einem Winzer durch die Wingerte, bei Bullay war's, der Winzer hieß Wagner, und er trug eine Vitriolspritze auf dem Buckel, ich weiß noch alles ganz genau. An diesem Tage, als ich abends mit meinem Motorrad nach Hause kam, vergoß meine Mutter heimliche Tränen, wie ich bemerkte, als sie sagte: ›Auf dem Schreibtisch liegt der Gestellungsbefehl.‹ Am nächsten Morgen fuhr ich mit Wagners Jupp nach Koblenz. In Cochem in der Bahnhofswirtschaft haben wir uns noch einen genehmigt. Der Zug ging von Cochem 9.02 Uhr, das vergißt man nicht.

Als ich mich in Koblenz von Wagners Jupp verabschiedete, sagte er, und es wunderte mich, weil er sonst immer eine so stille Seele war: ›Wölfchen, wie's kommt, wird's genommen.‹ Er ist auf Kreta geblieben, Wagners Jupp, als Bordschütze bei den Stukas.«

»In Koblenz begann dann der Krieg für uns, das Außergewöhnliche, das Abenteuerliche. Wir glaubten an den Führer. Aber es ist seltsam, schon nach einem halben Jahr oder einem Jahr war das Außergewöhnliche schon das Natürliche, das Selbstverständliche. Die Ausbilder hatten die Hand auf einen gelegt, eine schwere Hand. Keiner sieht dir durch die Finger. Eisern ist der Zugriff der Kameradschaft, fügst du dich nicht, dann bist du verratzt. Gib acht, Junge!, alles tut dir nicht gut. Wenn ich mir vorstelle, ich solle heute mit meinem Vater und unserem Prokuristen zur Weinversteigerung nach Trier fahren und zuhören, wie der Mann mit dem Hammer oben steht und den Zuschlag erteilt: das Fuder Piesporter soviel, die Brauneberger Sonnenseite soviel, das Briedeler Herzchen soviel, glaub mir's, ich kann es nicht mehr fassen, daß es so etwas noch geben kann. Die Welt ist so anders, daß ich erschrecken möchte, wenn ich daran denke. Die Seligkeit wird mit dem Grauen konfrontiert.«

»Trink noch mal!«

Wir tranken.

»Das merkwürdige ist«, nun lag sein Tonfall eine halbe Oktave tiefer, »daß ich auch mit dem Tode klargekommen bin. Niemand will sterben, ich am allerwenigsten, wie du mich kennst. Will das Leben nicht bei jedem Flug neu betrachtet werden, und ist es nicht jedesmal, wenn wir nachher aus unserer Mühle klettern und so einen schalen Geschmack im Munde haben: Mensch, du hast ja Angst. Ich habe immer Angst, wenn wir starteten und wenn wir zurückkamen. Nach jeder Rückkehr ist das Leben scheinbar wieder eine süße Frucht. Ich habe immer panische Angst gehabt, der ich auch nicht ausweichen konnte.«

Wieder schwieg Wölfchen, nur ein Wort: »Prost!«

»Wie habe ich das gesagt, sag?« Am liebsten hätte er sich auf die eigene Schulter geklopft.

Ich konnte nur sagen, gut habe er das gesagt.

Dann habe ich noch erlebt, daß Wölfchen einen merkwürdigen Befehl bekam. Er startete mit seiner Ju 88 in Kirkenes, um drüben, hinter der Murmanbahn, einen sowjetischen Agenten abzusetzen. Die Sowjets haben das gleiche öfter gemacht. Sie warfen über deutschem Gebiet deutsche Kriegsgefangene mit dem Fallschirm ab. Ein abgeschossener sowjetischer Flieger hatte sich bereit erklärt, mit einem Funkgerät »drüben« abzuspringen, um Eisenbahnverkehr auf der Murmanbahn, Flugplatzbelegungen, Flakstellungen und so weiter durch Funk an die deutschen Stellen zu übermitteln. Die Regel war, daß die Gefangenen das Versprechen nicht einhielten, sondern sich bei der eigenen Truppe zurückmeldeten. Wölfchen passierte dies: Der Gefangene weigerte sich, mit dem Fallschirm über dem Zielgebiet auf sowjetischer Seite abzuspringen. Wölfchen gab seinem Bordschützen den Befehl, die Bola der Ju 88, das ist der untere Einstieg am Rumpf der Maschine, zu öffnen und den Russen mit Gewalt hinauszuwerfen. Der Bordschütze hatte mit dem Fuß nachgeholfen. Was aus ihm wurde, hat Wölfchen nie erfahren.

Wölfchen, in der Eismeerbaracke, sprang auf, gab dem Hund einen leichten Schubs, daß er erschreckt seine Augen unter den Zottelohren hervorbrachte: »Bonifatius, alter Knabe, was hat damals Wagners Jupp gesagt? Wie's kommt, so wird's genommen! hat er gesagt!« Wölfchen saß da mit seiner gehobenen Unterhaltung in seinen Widersprüchen. In einer Woche gehe die »Lucie« nach Aalborg und nehme ihn in Urlaub mit nach Hause.

Voraussetzt, daß sich in der Erscheinung dieses kleinen

Fliegerlebens sein Wesen darstellt: Das werde ein Wiedersehn mit den Weibern werden, verdammt noch mal! Bonifatius gab Laut.

Ich sagte es: Zuletzt hat es ihn doch noch erwischt. Als Nachtjäger in der Reichsverteidigung.

Unternehmen »Baßgeiger«

Das »dickgeronnene Meer«

Das kleine deutsche Marinefahrzeug »Coburg«, 450 BRT, von Narvik kommend am 14. August 1943 von Rostock ausgelaufen, auf Kurs im Eismeer liegend zwischen Spitzbergen und Grönland, mehr als zweitausend Kilometer vom europäischen Nordkap entfernt, schipperte an jenem Spätsommertag 1943 durch die See, die Nansen, Amundsen und André, die Pioniere der Arktis, einst befahren hatten, und es hatte den Auftrag, drei Meteorologen an einer bestimmten Stelle an Land zu setzen, die eine Wetter- und Funkstation einrichten und dort ein Jahr lang verbleiben sollten. Leiter war der Universitätsprofessor Heinrich Schatz, Innsbruck, sein Vertreter Dr. Ernst Triloff, Holzminden, und als dritter Wetterdiensttechniker Kurt Pritsch aus Rostersdorf (Schlesien).

Die Namen der militärischen Besatzung der Coburg sind erhalten geblieben, es waren: der militärische Leiter, Leutnant Helmut Zacher, Chemnitz; Robert Riedl, Wien, Funkmaat; Hans Zima, Wien, Funkobergefreiter; Eugen Müller, Baden, Funkgefreiter; Heinz Schmidt, Stuttgart, Funkgefreiter; Rodebrugger, Soest, Stabsobersteuermann und Kommandant; Busch, Hamburg, Maschinenmaat; Kleffmann, Westfalen,

Maschinenobergefreiter; Marles, Danzig, Maschinist; Sturm, Stettin, Steuermannsmaat; Koos, Göhren/Rügen, Steuermannsmaat; Carlsen, Flensburg, Steuermannsmaat; Helms I, Unterweser, Matrosengefreiter; Helms II, Unterweser, Matrosengefreiter; Schweitzer, Matrosengefreiter; Ackermann, Matrosengefreiter; Schewe, Danzig, Funkmaat; Sternberg, Lübeck, Funkobergefreiter; Stephan, Funkgefreiter; Richter, Sudetenland, Signalgefreiter; Stickling, Signalgefreiter; Machula, Hamburg, Matrosengefreiter und Koch.

F. Nusser, Hamburg, ein Meteorologe der Kriegsmarine, hat 1948 in einer umfangreichen (maschinegeschriebenen, nicht veröffentlichten) Arbeit, »Die Arktisunternehmen des Marinewetterdienstes 1940–1945« (hinterlegt in der »Bibliothek für Zeitgeschichte« Stuttgart, deren Leiter, Jürgen Rohwer, mir die Einsichtnahme ins Manuskript erlaubte; besten Dank!), dies festgehalten:

Die Abreise aus Narvik war am 28. August 1943. Der Operationsbefehl sah zunächst NNW-Kurs bis zum 77. Breitengrad und dann genauen Westkurs vor. Zum Schutz der Coburg war die Begleitung durch ein U-Boot vorgesehen. Das U-Boot sollte die Coburg außerhalb des Schärengürtels treffen, aber das Wetter war so stürmisch und unsichtig, daß der Versuch eines Treffens bald aufgegeben wurde. Infolge des sehr heftigen Westwindes nahm die Coburg bald nach Beginn der Atlantikquerung einen westlicheren Kurs ein als vorher bestimmt. Am 30. August befand sich die Coburg auf 76°30' N und 7°00' W. An diesem Tage wurde um 10.45 Uhr der Kurs 280° aufgenommen.

Am 31. August um 05.30 Uhr erreichte das Schiff auf 76°51' N und 2°50' W die Eisgrenze. In elftägiger Fahrt wurde der Eisgürtel vor der Grönlandküste gequert. Nur am Vor-

Ferntrauung eines Jagdfliegers in Petsamo – ohne Braut. *(Foto: Dölling)*

2000 finnische Lappen ziehen als Nomaden umher und leben von der Rentierzucht. *(Foto: Henkels)*

Faszinierende Bilder liefert das Nordlicht. *(Foto: Henkels)*

Im Kloster Lûostari bei Petsamo lebte während des ganzen Krieges dieser russische Mönch. *(Foto: Engelmann)*

Kielobentreibender versenkter Frachter, brennendes Öl im Eismeer. *(Foto: Luftwaffe)*

Wie ein napoleonischer Dreispitz sieht das Nordkap der Hopeninsel aus. Diese Aufnahme machte der Autor aus 300 m Höhe aus der Flugzeugkanzel bei schwerem Sturm (Windstärke 10). *(Foto: Henkels)*

mittag und Nachmittag des ersten Tages war das Eis so lokker, daß die Coburg nahezu unbehindert vorwärtskam. Aber schon der erste Abend im Eis brachte große Schwierigkeiten. Die Coburg saß zwischen Schollen, die bis 100 m Durchmesser und eine Dicke von 1 m hatten, fest. Am zweiten Tag kam das Schiff gar nicht vorwärts. Bis zum 9. September ging die Fahrt ungemein mühsam vor sich. An einem Tage wurden meist wenig mehr als zweihundert Meter, im besten Falle zwei bis drei Seemeilen gemacht. Oft saß das Schiff fest und kam nur dann wieder weiter, wenn die Trift das Eis gelockert hatte. Versuche, die Schraubenkraft des Schiffes mit Hilfe des Eisankers und der Dampfwinde zu untersützen, wurden nach zwei Tagen aufgegeben, weil der Eisanker auf der lockeren Oberfläche der Schollen nicht genügend fest zu verankern war. Dann ging man zu Eissprengungen über. Ohne Sprengungen wäre eine Weiterfahrt überhaupt nicht möglich gewesen, da größere Waken nicht angetroffen wurden.

Am 6. September wurde vor Grönland zum erstenmal Land gesehen, es war die Isle de Francé und das Germanialand.

Schlagseite von 31 Grad

Was mit Sorge erwartet wurde, trat ein. Die Gewalt der Eispressung drückte das Schiff nach oben, nicht ohne es erheblich zu beschädigen und allerlei Unheil im Innern anzurichten. Das Schiff legte sich mit Schlagseite von einunddreißig Grad auf das Eis, und so kam es, daß die gesamte Einrichtung durcheinanderfiel und alles neu eingerichtet werden mußte; die Fußböden mußten erhöht und die gesamte Einrichtung, die kunterbunt durcheinandergeworfen war, wieder in normale Lage gebracht werden.

Aber auch der Standort des Schiffes änderte sich. Wie bei Fridtjof Nansen, der genau fünfzig Jahre vorher, im September 1893, mit seinem Polarschiff, der »Fram«, ins Packeis geriet und fest einfror, so trieb auch das kleine deutsche Schiff willenlos mit der Meeresströmung, der Eistrift, und eines Tages, die Abenteuer und Schrecken waren erregend genug, stellten sie ihren Standort in der Nähe der Shannon-Insel fest, eines vergletscherten Eilandes an der Nordostküste Grönlands, nördlich noch von Hudson-Land und des Franz-Joseph-Fjordes, fast an die dreitausend Kilometer nördlich des Südkaps von Grönland.

Der Polarkoller kommt

Sie hatten einstweilen noch Verpflegung, sie hatten Waffen und Munition, sie hatten auch Funk und selbst ein Rundfunkgerät, mit dem sie sich in ihre trostlose Einsamkeit Musik nicht nur von erlaubten Sendern heranholten, aber es blieb auch das nicht aus, was man nördlich des Polarkreises den Polarkoller nennt.

Die Einsamkeit hier, die würgende, unentrinnbare Monotonie, die lähmende Aussichtslosigkeit, je wieder lebend von hier fortzukommen, das quälende Ringsum der arktischen Welt, das brachte ungeheuere Gemütsbeschwernisse und seelische Depressionen mit sich, und der ständige Anblick dieser ganz und gar fernen und fremden Welt, die wie das Urphänomen des ersten Schöpfungstages vor ihnen stand, der stete Anblick auch der gleichen Gesichter, der gleichen Menschen, ein jeder mit allen menschlichen Unzulänglichkeiten behaftet, das brachte Marter und manch ungezügelten Zorn. So gerieten auch die Haltung und die Disziplin, um die sich der junge Marineleutnant Helmut Zacher als der militärische Vorgesetzte der Männer mühte, ins Wanken. Es bleibt rätselhaft, was ihnen über den Berg half. Als sie eines Tages Geschrei von Schneegänsen vernahmen, so erzählte mir später der Stabsobersteuermann Rodebrugger, kam bei vielen auch das bisher verborgen gehaltene Heimweh auf, und ihre Gedanken reisten mit den Vögeln, vielleicht fünf- oder sechstausend Kilometer weit, wo Frau und Kind, Vater und Mutter um sie bangten.

Die ewige Nacht

Längst lag Schnee. Längst hatten sich alle damit abgefunden, den Winter im ewigen Eis verbringen zu müssen, und längst waren auch alle Vorbereitungen zum Überwintern getroffen. Sie waren zwar keine Polarforscher und auf ein Überwintern nicht vorbereitet, aber aus der Not eine Tugend zu machen, das ist in solchen Lagen zwingendes Gesetz.

Als die Polarnacht hereinbrach, hatten sie sich in die viele Meter hohen Schneewehen Höhlen gebaut, von denen sie seitwärts Stollen trieben, die ihre Unterkünfte wurden. In die Höhlen bauten sie Zelte, heizten tagsüber mit Katalith aus ihrem havarierten Schiff (nachts, wenn nicht geheizt wurde, wurde einmal eine Temperatur von minus fünfzehn Grad gemessen), und als die Polarnacht begann, war ihr Winterquartier fertig.

Im Oktober sahen sie zum letzten Male die Sonne. Sie verschwand dann und erschien erst im Frühjahr wieder am Horizont. Einförmig und trostlos war die Polarnacht. Über das Eis heulte und jaulte der Sturm, warf in scharfen Stößen den Schnee vor sich her in derselben ewigen Melodie, nach der er durch Jahrtausende hier in der Arktis gesungen hat. Oft glaubten sie, unter der Last und Masse der Schneeberge zu ersticken. Es war ein entsetzlicher, grausamer Winter, und das Bemühen des Leutnants Zacher, so etwas Ähnliches wie einen Dienstplan aufzustellen, entsprang weniger militärischem Fanatismus als der Überlegung und Einsicht in die beim Kommiß gern geübte sogenannte Beschäftigungstheorie, die die Menschen nicht auf dumme und gefährliche Gedanken kommen lassen soll. Sogar regelmäßige Putz- und Flickstunden führte der Leutnant ein.

Am 6. April 1944 wurde eine Eisbärenmutter erlegt, die schnüffelnd um ihre Behausungen strich, Beute witternd und zwei Junge mit sich führend. Die beiden Jungen wurden eingefangen. Auch Seehunde, Schneehühner und Sturmmöven wurden nicht selten gesehen.

Das erste Flugzeug

Eines Tages, noch 1943, erlebte die deutsche Schiffsbesatzung eine weitere Überraschung. Diese Überraschung war ein deutsches viermotoriges Flugzeug vom Typ FW 200 »Condor«, dessen Flüge in den geheimen Lagebesprechungen der Fliegerführer in Norwegen fortan als »Unternehmen Baßgeiger« figurierte. »Unternehmen Baßgeiger«, das darf man sagen, erforderte fliegerischen Schneid und hohes navigatorisches Können. Als die Schiffbrüchigen das Flugzeug sahen, das ihretwegen ausgesandt und ihnen natürlich mehr war als Proviantbringer, schrien sie. Braucht man zu sagen, warum sie schrien? Die Maschine, durch Funk hergeholt, kurvte mehrmals ganz tief über ihnen, sie sahen die Flieger in ihren Kopfhauben und gelben Schwimmwesten. Im vorderen

Kanonenstand und im Heckstand winkten die Bordschützen mit beiden Armen. Als die Fallschirme mit Verpflegungsbomben sich öffneten, da hatten sie die leise Hoffnung, einmal doch wieder heimzukommen, irgendwie und irgendwann. Und das Flugzeug, das in den zehn Monaten ihrer Gefangenschaft auf dem Packeis elfmal wiederkam, brachte sogar Post aus der Heimat. Antworten konnten sie freilich den Angehörigen daheim nicht.

An Verpflegung, Tabak und Lesestoff war kein Mangel. Sie feierten auch die Feste, wie sie fielen. Geburtstage wurden wochenlang vorher herausgesucht. Unter den kundigen Händen des Smutje Machula entstanden auserlesene gastronomische Spezialitäten und was derlei Dinge mehr sind.

Der Spähtrupp

Der 22. April 1944 brachte um elf Uhr vormittags, so hat es F. Nusser festgehalten, einen Überfall von alliierten Soldaten auf das Lager. Es waren Soldaten mit amerikanischer Ausrüstung, die sich bei dem an diesem Tage herrschenden nebligen Wetter dicht an die deutsche Station herangearbeitet hatten. Dieser Angriff fand das Lager bis auf eine ausgestellte Wache völlig unvorbereitet. Der Wachtposten bemerkte erst den Gegner, als dieser wenige Schritte vor dem sich zufällig draußen befindlichen Leutnant Zacher plötzlich aus den ihn verbergenden Steinen aufsprang. Nach einem kurzen Schußwechsel fiel Leutnant Zacher. Mit der Pistole in der erhobenen Hand wurde er nach Abwehr des Angriffs aufgefunden. Der Wachtposten alarmierte sofort die elf Mann, die sich in der Schneehöhle befanden. Unterdessen bestrich ein gegnerisches Maschinengewehr, das auf dem Rosenjoch stand, die

Eingänge zu den Stollen der Schneewächte. Die elf Mann aus dem Schneewächtenlager stürmten das feuernde Maschinengewehr und vertrieben einen Posten auf der Südflanke. Die Angreifer ergriffen die Flucht und warfen dabei ihre Waffen, Ausrüstung und einen Teil ihrer Kleidung weg. Bei der Nachsuche wurden aufgelesen: ein Maschinengewehr mit Munition, Maschinenpistolen, Handgranaten, Skier, Uniformstücke und Rucksäcke mit verschiedenen Ausrüstungsgegenständen.

Nach Abwehr des Angriffes stellte man fest, daß der gegnerische Trupp im Schutze der Nacht und des nebligen Wetters das ganze Lager in Ruhe ausführlich ausgekundschaftet hatte, ehe er mit der planmäßigen Umzingelung und der versuchten Aushebung begann. Der Überfalltrupp war mit zwei Hundeschlitten von Westen her über die Sengstacher Bucht bis zu dem gebirgigen Nordostteil der Insel gekommen. Von dort aus hatten sie sich auf Skiern dem Lager genähert.

Am Nachmittag des Überfalltages wurde das Aufsteigen eines Flugzeuges von einer fernen Stelle des Festlandes beobachtet. Leutnant Zacher wurde am 24. April begraben. Mit seinem Tod hatte er das Lager gerettet, bemerkt F. Nusser, denn durch das vorzeitige Auslösen der Schüsse blieb den Angreifern die Überrumpelung des Lagers versagt, die ihnen bei dem herrschenden Nebel sonst sicher gelungen wäre.

Das Unternehmen »Baßgeiger« führte in der Zeit vom 13. September 1943 bis zum 3. Juni 1944 an meteorologischen Arbeiten sämtliche Obse zu den synoptischen Terminen durch. Nachdem schon vor der Aufnahme des eigentlichen Funkwetterdienstes 42 Funkwetter für die Versorgungsflüge gesendet wurden, begann am 18. Dezember 1943 die regelmäßige Übermittlung der Wetterbeobachtungen. Bis zum 3. Juni 1944 kamen 577 plus 42, also 619 Funkwetter nach

Tromsö durch. Wenn auch durch Stürme und Funkstörungen, die besonders im Januar und Februar auftraten, der Funkdienst sehr erschwert wurde, konnten doch täglich mindestens ein, im allgemeinen aber vier Funkwetter durchgebracht werden. Im ganzen wurden neunundachtzig Pilotaufstiege von Grönland gestartet, von denen sechzig gefunkt wurden. Während der Polarnacht konnten keine Pilote gemacht werden, da es an geeigneten Nachtbeleuchtungen fehlte. Es wurden auch Nordlichter, besondere Erscheinungen wie Halo, Föhn, Nebelaufzüge und die Sonnenscheindauer beobachtet, das Thermometer nicht zu vergessen.

»White out« und Heimkehr

Am 3. Juni 1944 kam von Norwegen aus ein »Möbelwagen«, wie sie sagten, ein sechsmotoriges Transportflugzeug vom Typ Junkers 290, und landete auf dem Packeis bei der Grönlandinsel Shannon. Es ging, kein Wunder, auf Biegen und Brechen. Hier ist auf ein Phänomen aufmerksam zu machen, das im buchstäblichen Sinne die helle Pracht der weißen Eislandschaft zu einem Schrecknis für alle Flieger werden lassen kann. Zwei Jahre vor unserem Ereignis, nämlich 1942, stürzte eine amerikanische viermotorige sogenannte fliegende Festung auf dem grönländischen Inlandeis ab. 1941 hatten die Amerikaner begonnen, mehrere Luftbasen nicht nur auf Island, sondern auch auf Grönland auszubauen, Narssassuaq im Süden, Söndre Strömfjord und Thule im Westen, Thule mit einer riesigen Radarstation. Es ist die Frage, ob diese Tatsachen genügend ausgesponnen werden können.

Auf dem Inlandeis Grönlands mußten mehrere amerikanische Flugzeuge notlanden. Die Amerikaner nannten das neuartige Phänomen, analog dem Wort »knock out« – kampfunfähig nach einem Niederschlag beim Boxen – »white out«; die Amerikaner meinten: durch das Weiß erledigt. In Ermangelung eines anderen Wortes könnte man es so darstellen. Die Umgebung besteht aus lauter Weiß, es gibt keine Konturen, jedenfalls keine sichtbaren. Die Lichteinstrahlung des Himmels ist von derselben Intensität wie das vom Schnee zurückgeworfene Licht. Über Flieger, namentlich Tiefflieger, kommt Irritation. Das leibhaftige Grauen kann plötzlich Gestalt annehmen. »White out« ist das rechte Wort dafür.

Unsere sechsmotorige Junkers-Maschine mit ihrer zehnköpfigen Besatzung mit dem Hauptmann Sachtleben als Piloten nahm die sechsundzwanzig Schiffbrüchigen nach zehnmonatiger Gefangenschaft an Bord. Alles mußten sie zurücklassen, denn auch dieser Start auf der Eisfläche würde, wie es in der Fliegersprache heißt, »kriminell« werden. Sie verbrannten all ihre Habe, warfen Tausende von Zigaretten auf den Scheiterhaufen, und auch die beiden Eisbären, die mitzunehmen der Flugzeugkommandant wegen der Ladegewichtsgrenze der Maschine untersagte, mußten sie laufen lassen. Ein Kriegsberichter, Leutnant Wilhelm Manthey, war mitgekommen und filmte alles. Nach vielstündigem Flug sahen sie zum ersten Male nach zehn Monaten wieder Land. Die Maschine landete auf dem Flugplatz Drontheim-Vaernes. Ich war Zeuge. Der Fliegerführer Lofoten, General Ernst August Roth, hielt eine Rede, wie sie Generale bei solchen Anlässen halten. Er griff tief in die Kiste, das Reiterlied aus Schillers Wallensteins Lager: Im Felde, da ist der Mann noch was wert, da wird das Herz noch gewogen. Der Kriegsberichter hatte es dem General aufgeschrieben.

Es war abends gegen elf Uhr, und die Sonne wollte gerade hinter den Bergen verschwinden. Sie trugen alle Vollbärte wie die Apostel, außer einem, der nur Flaum an den Backen hatte. Er war neunzehn Jahre alt, ein halbes Kind noch und in Flensburg zu Hause. Sie hatten gerötete Augen und mußten, als sie nach zehn Monaten zum ersten Male wieder Erde unter den Füßen spürten, ein paarmal schlucken. Die roten Augen, sagten sie, kämen von der Ungewohntheit, das grelle Licht von Schnee und Eis nicht mehr um sich zu haben.

Drei der Hochdekorierten

Ihrer Erdentage Spur ist bei den meisten Fliegern, die in der Arktis geflogen sind, vergangen. Die berühmtesten waren drei Jagdflieger vom Jagdgeschwader 5, den sogenannten Eismeerjägern. Alle drei waren ausgezeichnet mit dem Eichenlaub zum Ritterkreuz. Sie saßen in Nordfinnland.

Alle drei – Heinrich Ehrler, Theo Weissenberger und Walter Schuck – trafen sich Anfang 1945, als Deutschland schon in Schutt und Asche lag, in Brandenburg-Briest wieder, nunmehr Angehörige des Jagdgeschwaders 7, des sogenannten »Windhund«-Geschwaders. Sie flogen den ersten Düsenjäger der Welt, die Messerschmidt 262 (Me 262), eine technisch bahnbrechende Konstruktion, mit einer Marschgeschwindigkeit von mehr als 800 km/h, also der doppelten Geschwindigkeit der Me 109, der Maschine, die sie am Eismeer geflogen waren.

Heinrich Ehrler

So verabschiedete sich über Funk der letzte Kommodore des Jagdgeschwaders 5, Major Heinrich Ehrler, mit seiner Messerschmidt 262, dem ersten Turboflugzeug der Luftwaffe, am 4. April 1945, in Brandenburg-Briest, nachdem er an diesem

Tage über Berlin seinen dritten Abschuß gemeldet hatte, eine amerikanische Boeing-Fortress, von seinem Kommodore des Jagdgeschwaders 7, Theo Weissenberger: »Theo«, kam es aus der Bord-Boden-Verständigung, »ich hab' mich verschossen, ich hab' keine Munition mehr, ich ramme! Auf Wiedersehen in Walhall!« Schon dieser hehre und emphatische, zugegebenermaßen bombastische Spruch muß eine ursprüngliche Beziehung zum Zynismus verraten. Sonst war Ehrlers Seelenleben hermetisch abgedichtet, jedenfalls war es seit einigen Monaten von einer Konstruktion, bei der er allen Ärger in sich hineinfraß.

Das Bewußtsein einer intakten, im Moralischen geordneten Welt gab es für Ehrler nicht mehr. Er war zutiefst verletzt durch ein Kriegsgerichtsurteil des Luftwaffen-Feldgerichts in Oslo, das ihn zu drei Jahren Festungshaft (»nach dem Kriege zu verbüßen«) verurteilt und zum einfachen Flieger degradiert hatte (»Rangverlust« hieß das in der Juristensprache), weil er – einer der Gründe – am 12. November 1944 als Kommodore einen Portepee-Unteroffizier als Jägerleitoffizier eingeteilt hatte, weil alle Offiziere bei diesem Einsatz fliegen mußten. Ehrler, Kommodore des Jagdgeschwaders 5, sollte den Untergang des Schlachtschiffes »Tirpitz« im Tromsö-Fjord durch britische See- und Luftstreitkräfte mitverschuldet haben. Zehn Offiziere der Luftnachrichtentruppe und der Flak erhielten ebenfalls hohe Freiheitsstrafen. Einer der Vorwürfe gegen Ehrler war, er sei als Kommodore gestartet, um seinen 200. Abschuß zu bekommen, also aus persönlichem Ehrgeiz, obwohl im grundsätzlichen Befehl Görings gestanden habe, als Kommodore den Einsatz vom Boden aus zu leiten.

Das Urteil ist nie rechtskräftig geworden. Ehrler hat den Tod im Kampf gesucht, im Gegensatz zu seinem obersten

Kriegsherrn Göring, der ein Jahr darauf eine Kapsel Zyankali nahm.

Der Hauptmann Ehrler, zwei Jahre vorher, saß vor mir in einem etwas ramponierten gepolsterten Sessel in der Eismeerbaracke, den Kopf hintenüber gelehnt, die Beine von sich gestreckt. Sein Gesicht hielt sich woanders auf. Es war sehr fern. Nicht hier. Nicht hier in der Baracke seines Gefechtsstandes. Es war weit weg. Sein Gesicht hatte zwei sehr tiefe Falten um die Mundwinkel. Merkwürdig geschwungene Falten. Wie alt war der Hauptmann? Sechsundzwanzig, hatte er gesagt. Er hatte ein scharfes, kantiges Profil. So sah also ein Flieger aus, so sah ein Mensch aus, der in erbitterten und turbulenten Luftkämpfen damals mehr als hundert Gegner abgeschossen hatte.

Durchs Fenster ging des Hauptmanns Blick ins Freie. Drüben machte der Blick halt an den Kuppen der Tundraberge. Aber der Blick war doch nicht drüben, niemals. Es gab bei ihm das Phänomen des geteilten Blicks. Der Blick war auf mich gerichtet, während er sprach, die Aufmerksamkeit lag aber irgendwo anders. War der Blick vielleicht am Neckar, im Land der Poeten vom Wanderstecken? Dort, in dem Dörfchen Oberbalbach bei Bad Mergentheim, wo er geboren wurde? Der Vater, Adam Ehrler, betrieb das Zimmerhandwerk in Gernsheim am Rhein, unweit Darmstadt.

Nein, seine Gedanken waren nicht im Badener Land. Man sah ganz genau, wo sie waren. Über der Kola, über der Fischerhalbinsel oder über Murmansk. Da waren sie. In einer halben Stunde würde er, der Staffelkapitän dieser berühmten Jagdfliegerstaffel an der Eismeerfront, drüben hängen, würde herumkrebsen über der Motowski-Bucht und den Luftkampf dirigieren. Zwei-, vier- oder sechstausend Meter hoch, je nachdem, wie es die von drüben wünschten. Ehrler spielte im

Luftkampf gern eine Art russisches Roulett; Augen zu und drauf! Mut? Darf's ein bißchen mehr sein!

Das, was sie sind, nämlich Jagdflieger, ist nicht jedermanns Sache. Russisches Roulett kann man höchstens siebzig Minuten spielen, dann leuchtete in seiner Me 109 das rote Lämpchen auf, dann mußte er in Petsamo wieder gelandet sein. Die Sowjets waren den Deutschen im Schneid anfänglich immer unterlegen. Die Ratas, die sie zuerst flogen, waren ungewöhnlich wendig, aber sie waren zu langsam. 1943 änderte sich das mit der Unterlegenheit. Die Sowjets gerieten mit den amerikanischen Maschinen schnell in die Überlegenheit. 1943 begann die Jagd auf die Deutschen. Seit 1943 wurde nicht mehr gesiegt.

Als Jagdflieger erreichte man am schnellsten Ruhm, aber es war ein gefährlicher Ruhm. Auch wenn es noch so keck hergehen mochte, verstiegenes Gebahren war ihnen nicht eigentümlich, obwohl sie sich eine Sprache angewöhnt hatten, die nicht weit vom Jargon war. Das Ritterkreuz, das zu verdienen sie reizte, nannten sie den »Dödel«. Sie rechneten an Hand der Punktwertung, die dafür bestand, wieviel Bomber und Jäger der und jener noch nötig habe, um den »Dödel« zu bekommen. Die Kriegsberichter, die es wissen mußten, sprachen bei einem Luftkampf von einem Turnier mit offenem Visier. Es konnte in der Beschreibung nicht hoch genug gegriffen werden. Die ganze Armee Dietls, die Kraxelhuber in allen Erdbunkern in Nordfinnland wußten es, wenn der Ehrler mit seiner Staffel im Tiefstflug über die Finnmark dahinbrauste. Flieger, hat einmal einer gesagt, seien Halbgötter. Es sind die, die einsam und kühn die Grenzen des Menschenmöglichen ins Unbekannte hinaustragen. Viele Ahnungen hüten sie. Daß sie »auf den Pinsel fallen«, um in ihrer Sprache zu reden, ist nahezu sicher. Nur sehr feinnervige, reaktions-

und konzentrationsfähige Männer, die auch schwierigste Lagen innerhalb von Sekundenbruchteilen zu meistern imstande sind, sind als Jagdflieger geeignet. Das kleinste Versehen – Ehrler wußte es genau – bedeutete im Luftkampf meist den Tod. Und mehr als einmal war er mit dem Fallschirm heruntergekommen. Auch Ehrler hat sich behaupten wollen; er wollte nachhaltig seinen Mann stehen. Er hatte sich nachher nicht sagen lassen wollen, nicht forsch genug gewesen zu sein, als es galt. Die Sowjets hier am Eismeer, in der Zahl von Anfang an überlegen, waren keine schlechten Flieger, aber die Überlegenheit der Deutschen war so lange eindeutig, als die Russen noch ihre sowjetischen und nicht die amerikanischen Maschinen flogen, und das waren verdammt gute Maschinen.

Die Gefährlichkeit des Daseins der Eismeerjäger, das sich in Baracken zwischen Zwergkiefern und Birkengehölz der unversöhnlichen Tundra abspielte, war offenkundig. Ihre Spezies hatten die teuflische Fähigkeit, sich selbst zu vernichten. Überdies saßen sie hier, wie sie es ausdrückten, am A.d.W., am Arsch der Welt.

Hatte das Jahr nicht zwölf Monate, zweiundfünfzig Wochen, dreihundertfünfundsechzig Tage? Hatte der Tag nicht vierundzwanzig Stunden? Manchmal, sagte Ehrler, müsse man sich daran erinnern. Denn hier habe man jeglichen Begriff, jeglichen Maßstab für die Zeit, wohl auch für den Raum, verloren. Ich möge ihn nicht nach dem heutigen Datum fragen. Und wenn der ganze Schnee verbrennt, sagte er abrupt: Kürzlich sei ihm die Verführung der Tochter eines Gauleiters gelungen.

Das Telefon schrillte. Unmerklich zuckte der Hauptmann zusammen. Die Stimme des Gruppenkommandeurs war zu hören. »Jawohl, Start in drei Minuten!«

Nach drei Minuten fegten sie über den Platz. Natürlich gebe es Angst, hatte er noch gesagt. Aber dieses Stückchen Angst müsse von jedem wieder zerbrochen werden. Und das sei verbunden mit Angst und Schrecken.

Theo Weissenberger

Das Städtchen, aus dem er stammte, liegt in der mainfränkischen Landschaft unweit Hanau. Es zählte siebentausend Einwohner, war also ein Städtchen, wo jeder jeden und alle alle kennen. Er sprach jenes mundartlich gefärbte Hochdeutsch, das den Menschen aus der Frankfurter Gegend verrät, jenes wohllautende Idiom, das wie die Kreszenz des tüchtigen »Äbbelwoi« schmeckt, danach kriegte man die Scheißerei. Er hat ein breites Gesicht und eine feste, fast naturhafte Männlichkeit. Wenn er in seinen Fliegerstiefeln daherschritt, die Mütze keck auf einem Ohr, in der Rechten seinen Marschallstab, wie er den Stock nannte, auf dem seine Abschußzahlen vermerkt waren, dazu der breite, schlenkernde Gang, dann hatte man den Eindruck eines mit beiden Beinen fest auf diesem Erdenrund stehenden Menschen. Dreht sich die Erde oder dreht sie sich nicht? schien er zu fragen.

In seiner Rede steckte ein gehöriger Schuß Mutterwitz, aber auch die leichte Arroganz des Hochdekorierten war nicht zu überhören. Dunkel von Haar und Haut, wie man sie bei den Menschen aus dem Gebiet von Rhein und Main oft findet, waren der Falten und Fältchen um den Mund und Augen, der Krähenfüße, wie man sagt, schon viele.

Zu seinem Gruppenkommandeur, dem Hauptmann, der wie er am gleichen Tage das Eichenlaub zum Ritterkreuz bekam, und mit dem er zusammen noch Leutnant war, sagte er du, und der sagte zu ihm, seinem Oberleutnant und Staffelkapitän: Theo, hör mal! Die Kameradschaft, aus der sie das Gefühl ihrer Zusammengehörigkeit schöpften, war ein unversiegbarer Quell. Aus der Gemeinsamkeit ihres Schicksals, ihres gefährlichen Lebens als Jagdflieger, wurde die Kameradschaft, die ein Unantastbares war, genährt. Ojojoj, was das für Sprüche waren: Noch habe man ein einheitliches Universum. Kürzlich haben sie beide, südlich des Polarkreises in Pori, Pfänderspiele und einigen Schweinskram mit Damen gemacht. Es wurde ein einheitliches Universum daraus, ojojoj!

Von seinem letzten Urlaub sprach er mit einer Einfalt, die etwas Wehmütiges hatte. In Königsberg, von Finnland kommend, war er zwischengelandet. Auf dem Rollfeld hatte er grünes Gras gesehen. Er hatte sich schnell und etwas verschämt gebückt, ein Büschel ausgerissen und daran gerochen. Und zu Hause, im Städtchen am Main: »Die Polizei hat am Bahnhof wirklich absperren müssen!«

Auch mit ihm saß ich in der Eismeerbaracke. Die Mitternacht war vorüber. Aber gegen ein Uhr schien die Mitternachtssonne und legte draußen wie blinkende goldene Lanzen ihre Strahlen auf das beklagenswerte Krüppelzeug der Birken, die sich willig der Sonne hingaben. Dann sprach er vom Früher, zwischen dem eine Lücke gähnte, die er (»Wieviel Jahre ist das her?«) kaum noch zu überdenken vermochte. Vor dem Krieg war er Segelfluglehrer gewesen und viele Male in der Rhön geflogen. Mit der ganzen Passion, Besessenheit und Leidenschaft, deren er fähig war, mit dem drängenden Impuls seiner Jugend war er zur Fliegerei gekommen. Auch noch zwei seiner Brüder wurden Flieger. Den einen, in seinem Geschwader, holte er persönlich mit dem Fieseler Storch aus dem Niemandsland der Tundra – beide Motoren waren ausgefallen –, als schon eine russische Rentierpatrouille nahte. Niemals mehr einen Bruder beim gleichen Verband! Sein Bruder war der Unteroffizier Otto Weissenberger, Me 110-Flieger.

Mit vollem Bewußtsein nahm Theo Weissenberger das gefährliche Leben des Fliegers auf sich. Auch Theo flog zunächst als Flugzeugführer in einer Me 110-Zerstörerstaffel, dann wurde er Jagdflieger und schulte um auf die Me 109. Er häufte Erfolg auf Erfolg. Den Kämpfen, die er austrug hoch über Murmansk oder Murmaschi oder Kandalakscha, über der Kolabucht, der Fischerhalbinsel oder über der Tundra, den erbitterten Kämpfen in der Luft, kann der Erzählende mit Worten nicht gerecht werden. Es liest sich alles so leicht, aber es mag doch einer bedenken, was es heißt, in vier- oder sechs-, ja achttausend Meter Höhe mit tausend Pferdestärken dahinzujagen.

In solchen Höhen, oder gar an der Grenze zur Stratosphäre einen Angriff zu fahren, das vermag auch der Erzähler, der die Himmelsschrift der Kondensfahnen sieht, nur kümmerlich wiederzugeben. Dieser eine Satz gilt: Du oder ich! Du oder ich!

Sie stehen immer an der vorderen Kante des Felsens. Die Pfade, auf denen sie wandeln, sind sehr schmal. Wir sahen ihn in seine Me 109 steigen, beobachteten genau, wie er sich zur Ruhe zwang, wie er verlegen zu den Zurückbleibenden hinunterlächelte, und wie er dann mit einem Steilflug von dannen zog über die Tundrakuppen, wie er dann zurückkam, wie ihm ganz kleine Schweißperlen an den Schläfen standen. So gab uns jede Heimkehr, auch wenn sie gar keine Feindberührung gehabt hatten, wie das seltsame Wort hieß, eine Ahnung davon, was jedesmal in ihnen vorgegangen war. Er leugne es nicht, sagte er dann in jener Nacht zu mir in der Baracke –

überhaupt keiner von ihnen allen könne es leugnen –: vor jedem Start überkomme sie alle eine leichte Benommenheit, und vor jedem Flug nach drüben, er sage es freimütig, verspürten sie alle Hosenschiß und einen Druck in der Magengegend.

Irgendwo nistete die Gier, dieses Leben irgendwie zu leben, mit dem Schrecken von Donner und Blitz als Höhepunkt. Irgendwo nistete das Verlangen, diesem kargen Soldatenleben etwas Gutes abzuknöpfen. Nein, er las nicht die Oden des Horaz oder die Predigten des Meisters Ekkehard oder den Faust, die seelischen Möglichkeiten dazu hatte er ohnehin nicht. Er las den Grafen von Monte Christo. Er ging morgens um vier Uhr ins Kasino, was man hier am 70. Breitengrad so Kasino nennt, ließ den Sendeleiter des Soldatensenders Finnmark ans Telefon kommen und sagte: Bitte, Herr Brennicke, wir kommen vom Einsatz, spielen Sie nochmal was ganz Scharfes. Wenn man ihn fragte, was er dereinst mal werden wolle, dann sagte er: der Schwiegersohn des Generaldirektors einer Bouillonwürfelfabrik. Und da hatten sie schon den Spruch bei der Hand: Oxi bleibt Oxi – wer's nicht glaubt, der bockt sie!

Jagdflieger – das ist literarisch noch nicht ausgeschöpft. Das müßte neben Pest, Hungersnot und barbarischem Krieg stehen, entweder für das Wüten des Schicksals oder für den Zorn Gottes, das bliebe sich gleich.

Theo Weissenberger hat den Krieg überstanden. Er hat die Oxi-Tochter geheiratet. 1950 verunglückte er tödlich nach einem Rennen auf dem Nürburgring. Er war Rennfahrer geworden.

Der dritte schließlich, Walter Schuck, zuletzt Staffelkapitän, lebt 1978 in Neunkirchen (Saarland). Ich stand neben ihm, als Göring ihm in der Ruine im Haus der Flieger in Berlin am 4. November 1944 das Eichenlaub verlieh und ihn vom Leutnant zum Oberleutnant beförderte. Das Gespenstische bei dieser Verleihung bekam seinen darstellerischen Höhepunkt, als wir alle, auch die auszuzeichnenden Offiziere, bei der Garderobe unsere Pistolen abzugeben hatten: Sicherheitsrücksichten für den Herrn Reichsmarschall. Alle, als Göring mit seinen Adjutanten, Oberst von Brauchitsch und Major Müller, kam, der Marschall in seiner Phantasieuniform mit Juchtenlederstiefeln und deutlichem rosa Make-up, machten ein entrücktes Gesicht, als wollten sie gleich wieder im Banne jenes Wortes stehen: er wolle Meier heißen. Nach fünfunddreißig Jahren weiß man, ob Meier der Rang eines Feldherrn zukam. Göring trug keine Orden mehr, nachdem er mit dem General der Jagdflieger, Adolf Galland, im Zerwürfnis lebte, dem er vorgeworfen hatte, die Jagdflieger seien jetzt Feiglinge. Spontan hatte Galland seine Orden abgelegt, Göring, der Heldenvater, tat es ihm nach.

Walter Schuck, geboren am 30. Juli 1920 in Frankenholz (Saar), erzählte mir fünfunddreißig Jahre später, 1978: Jene Eismeerjahre sind noch nicht verdrängt. Da liegen viele Zweifel. Sie sind nicht das Geröll, das wir mit dem Fuß beiseite stoßen könnten. Da herrschte das Dunkle und Dämonische. Da blitzt auch im nachhinein kein Heldentum aus stahlblauen Augen.

Er hat 206 Gegner im Luftkampf bezwungen (wie der Kriegsberichterstil lautete), davon 198 am Eismeer, weitere acht 1945 in der Reichsverteidigung mit dem Me 262-Turboflugzeug, vier amerikanische Viermots darunter. Dreißig weitere Abschüsse schließlich sind unbestätigt.

Die Erlebnisqualitäten waren mannigfaltig und erlaubten dennoch, ungeachtet ihrer Dramatik in jedem einzelnen Falle der Luftkämpfe, von Angstneurosen zu sprechen. Zittern, Schweißausbrüche, Herzklopfen bis in den Hals und in die Schläfen hinein, »die Muffe ging so«.

In jeder Sekunde konnte einen selbst der Schlag treffen. Angesichts des Wahnsinns, der hier einige tausend Meter hoch über der Erde offenkundig wurde, spielte die Pose des kriegerischen »Heldentums« keine Rolle, jedenfalls spielte sie nur sehr leise mit. Er war weder ein Held noch ein Feigling. Es habe gute Gründe gehabt, weshalb er sich in den fünfziger Jahren nicht wieder zur Bundeswehr gemeldet habe. Er habe keinen Appetit und keinen Geschmack an diesem Handwerk mehr gehabt. Dabei sei er durchaus kein Pazifist geworden.

Am 15. Mai 1942 hatte er bei Petsamo seinen ersten Gegner abgeschossen. Auf den Tag genau zwei Jahre nachher, am 15. Mai 1944, schoß er seinen hundertsten Gegner ab. Mit vierundzwanzig Jahren trug er bereits das Eichenlaub. An einem Tage, der hier allerdings vierundzwanzig Stunden Taghelle bescherte, schoß der Fahnenjunker-Oberfeldwebel Walter Schuck, wie der Wehrmachtsbericht meldete, zwölf Sowjets ab.

Die zwölfte Maschine nun war zwar ein sowjetisches Flugzeug, aber englischer Bauart, eine Spitfire, mit den hohen Qualitäten der Wendigkeit und Schnelle. In der Geschwindigkeit war die Spitfire der Messerschmidt 109 – Schucks Maschine – überlegen.

Bei gutem Wetter kam diese Spitfire als sowjetischer Aufklärer vom Dienst. Sie war ohne Waffen, nur mit automatischer Bildkamera nach unten ausgerüstet. Ihre Anflughöhe in sechstausend Meter Höhe zeigte sie durch die Kondensfahne an, die sie hinterher zog. Ihr häufigster Anflug war von See her, wo sie von sechstausend auf siebentausend Meter kletterte. Über Kirkenes zog sie einen Vollkreis, um wieder zu verschwinden. Sie kam aber auch über Land: Petsamo, Salmijärvi, Kirkenes, oder von Süden: Salmijärvi, Kirkenes, Petsamo. Es bestand Verbot, sie anzugreifen, weil die deutschen Maschinen in der Geschwindigkeit bei der Spitfire nicht mithalten konnten. Schuck – im Juni 1944 – bekam von der Abhörstelle an der Lizafront – russisch sprechende deutsche Soldaten – den Hinweis, daß die Spitfire über See anfliege. Im Alarmstart zog Schuck mit seinem Rottenflieger, dem Leutnant Werner Gayko, davon und gewann sehr schnell Höhe. Von unten hinten pirschte und mogelte man sich heran, das Glück spielte mit. Der Spitfire-Pilot schien zu koksen. Die Magie der krummen Zahl 113 spielte in Schucks Verstandeskasten eine Rolle. In siebentausend Meter Höhe, nach zwei Feuerstößen, montierte das Leitwerk der Spitfire ab. Es war Schucks 113. Abschuß. Die Maschine schlug in der Tundra auf, der Pilot baumelte am Fallschirm. Nur noch einmal ist es gelungen, nämlich dem Leutnant Gayko, einen Spitfire-Aufklärer am Eismeer abzuschießen.

Ein Brevier der einzelnen Luftkämpfe habe ich nicht zu entwerfen. Ich möchte auch keine Mixtur von Draufgängertum, Wagemut, tausenderlei Kniffen, tausenderlei Erfahrungen liefern. In astronomischen Höhen spielen sich oft die einsamen Kämpfe ab, wo der geballte Wille und die geballte Angst bis zur letzten Hingabe in die Waagschale geworfen werden müssen. Die Bordwaffen spucken von hüben und drüben. Walter Schuck kennt das alles. Einzelteile, Teile der Flächen, der Leitwerke fliegen. Ganz fein beginnt ein Motor zu qualmen, die gegnerische Maschine »zeichnet«. Die Fülle der Zufälle, Unwägbarkeiten, Situationen, Unberechenbarkeiten und schließlich der Konsequenzen, die das Hirn daraus abzuleiten hat, überfallen den Soldaten in seiner engen Kabine. Ein Mensch stürzt aus einer Maschine, wenn es ihm noch Zeit dazu ließ. Ein eigener Kamerad muß den Sprung in die Tiefe wagen. Aber kein Fallschirm darf sich in großen Höhen öffnen. Zwei-, drei- ja viertausend Meter müssen sie sich fallen lassen durch die sauerstoffarme Luft, ehe sie die Reißleine des Fallschirms ziehen dürfen. Denn ganz oben lauert ein noch schlimmerer Gegner: der Höhentod. Diesen jähen Sturz, ohne das Bewußtsein zu verlieren, halten nur junge, spannkräftige Naturen aus.

Mir ist aufgefallen, daß Walter Schuck nach fünfunddreißig Jahren öfters sagt, er habe Dusel mit dem Überleben gehabt, sogar das Synonym Glück nennt er.

Glück gehabt – durch besondere Zufälle begünstigt, womöglich ohne eigenes Verdienst. Prekäre Situationen auf der Grenze zwischen leichtsinniger Gewißheit und verzagtem Unglauben. Und noch einmal – Glück gehabt. Die Flieger denken jeden Tag darüber nach.

Gestern dachte der Ehrler, heute der Weissenberger, und morgen denkt der Schuck darüber nach. Nur ein Gedankenleser unter ihnen, der aber auch schon einige Auszeichnungen auf dem Anzug kleben hatte, sagt: Glück? Nichts als eine Vokabel. Gewiß ist das Wort Glück auch ein Abladeplatz für manche Gefühle und Wertungen. Walter Schuck, der Vierundzwanzigjährige, sagte: Glück konnte ich nicht nur fühlen, sondern auch sehen und sogar hören. Nach allen Wahrscheinlichkeitsrechnungen müsse er den Tod in der Tundra oder über der See gefunden haben. Man sehe, wie abstrakt die Formel sei, Dusel oder Glück zu haben. Und wie zutreffend sie sein könne. Vierzehnmal habe ihn die Flak von Murmansk und der Kolabucht beharkt, ein halbes dutzendmal kam er nach Luftkämpfen mit stark beschädigter Maschine nach Hause, und mehrmals mußte er sich dem Fallschirm anvertrauen. Das Glück, sagt der Dichter, ist wetterwendisch und rund wie ein Ball. Auch Walter Schuck sagt es, fünfunddreißig Jahre danach.

Das Gelächter von Murmansk

Wenn ich ein Vöglein wär'...

Ich will versuchen, das Begebnis so zu schildern, wie es mir der Feldwebel Heinrich Bartels aus Linz an der Donau, Ritterkreuzträger, damals noch Unteroffizier, mittlerweile Sieger in mehr als fünfzig Luftkämpfen an der Eismeerfront, erzählte, ohne Beschönigung.

Es war, erzählt er, an einem Spätsommertag 1942, die Mittsommernacht ging langsam zu Ende. Wir lagen auf unserem Flugplatz Petsamo, der eigentlich Luostari heißen mußte, denn das dreißig Häuser große Fischerdorf Petsamo lag unten am Fjord, in Alarmbereitschaft; in Kürze würde, von Banak kommend, ein Ju 88-Verband starten, um, ich kann es ruhig sagen, den sowjetischen Flugplatz Warlamowo bei Murmansk anzugreifen. Wir, die Jagdflieger, hatten Begleitschutz zu fliegen.

Die Kampfflieger also kamen von Banak herüber, und wenn uns an diesem wunderbaren Spätsommertag alle – ich spreche jetzt von den Kameraden meiner Kette, drei Mann also –, wenn uns alle eine Art Unrast überkommen hatte oder wie Sie es nennen wollen, so mögen Sie erkennen, wie gespannt wir waren, nach drei Tagen wieder in unserer Mühle zu sitzen.

Sie wissen, wie es beim Fliegen ist. Jeglicher Umriß unserer Erde verschwindet bald und das Land füllt sich unter einem alle Augenblicke mit wechselndem Inhalt. Hier an der Eismeerfront ist es besonders voller Abwechslung. Schären sind da, und manche der vorgelagerten Inseln und Inselchen liegen wie gestrandete Wracks in der Brandung. Unsereins, der die Strecke viele Male geflogen ist, sieht das alles kaum noch. Ich habe mir gut gemerkt, was ich damals, an jenem Tage, es war etwas ungewöhnlich, gebe ich zu, vor mich hingesummt habe, ins FT-Gerät, versteht sich: wenn ich ein Vöglein wär' und auch zwei Flügel hätt'! Bei dem Lied, natürlich, habe ich an ein Mädchen gedacht. Manchmal, nicht wahr, hat man solche Tage! Lange Zeit war die Anwesenheit deutscher Frauen nördlich des Polarkreises verboten, wie Sie wissen.

Viertausend Meter waren wir hoch, Angriffshöhe für die Ju 88 viertausendachthundert Meter. Nun wurde es Zeit, das Atemgerät aufzusetzen. Aber ich tat das zunächst nicht. Da hörte ich in der Eigenverständigung plötzlich meinen Staffelführer: »He«, schnarrte die Stimme in der Kopfhaube, »was für ein Weihnachtsmann singt da? Bist wohl verrückt!« Er hatte recht, ein Verrückter hätte jetzt singen können. Ich war durch den Anranzer des Staffelführers, der weit rechts von mir flog, zurückgerufen in die Wirklichkeit. Mein Gott, dachte ich, hast du wirklich die Gegenwart vergessen?

Links, tief unten, lag die Fischerhalbinsel, davor die Kolabucht. Murmansk war schon zu erkennen. Alles schien plötzlich in ein falsches, undurchdringliches Licht getaucht, und wenn man nicht gewußt hätte, daß dies Land war, man hätte glauben können, ein großer öliger Fleck sei ins Meer gegossen. Die Schwurfingermole des Hafens von Murmansk war zu erkennen.

Im Moment ging mir's durch den Sinn: Vierundachtzig

Flak-Batterien liegen dort unten. Ich hatte das Atemgerät aufgesetzt, der Höhenmesser zeigte schon an die fünftausend Meter. Wir kletterten an die sechstausend Meter heran, vielleicht auch noch etwas höher, wer will es noch wissen. Schräg unter uns zogen die Kämpfer, der Ju 88-Verband, in geordneter Formation.

Als wir über der Kolabucht waren, die Maßstäbe der Erde hatten uns längst verlassen, hieß es, die Augen aufhalten, denn was der Iwan hier oben alles an Jägern herumturnen hat, ist beträchtlich. Hurricanes und Tomahawks, Sie hören schon an den Namen, woher sie kommen, und dann diese wendigen, blitzschnellen Aira-Cobras und die Schwertfische, alles sehr beachtlich.

»Achtung, links hoch Indianer!«

Perlmuttfarben hingen Wölkchen vor uns. Plötzlich hörte ich die Stimme meines Katschmarek, des Leutnants Berger, in der Kopfhaube, sehr ruhig und sachlich und auch sehr nahe und gegenwärtig: »Achtung, links hoch Indianer!« Das hieß: Links hoch der Iwan. Ich hatte die gegnerischen Maschinen gar nicht bemerkt. Nun sah ich in der Tat in Richtung auf See und etwa in gleicher Höhe drei silberne Pünktchen, ein gutes Stück noch weg, und während ich noch überlegte, was wir machen sollten, hörte ich im FT-Gerät – ganz deutlich und unverkennbar hörte ich es – eine weibliche Stimme. Nanu, dachte ich, was ist das? Keiner von uns, glauben Sie, konnte sich einen Vers darauf machen, denn diese Frauenstimme aus dem Unsichtbaren, aus dem Äther, verblüffte uns im Augenblick derart, daß wir zunächst einfach überhörten, daß die Stimme russisch sprach. Sie sprach schrill. Keiner verstand das, was sie sagte. Während ich also noch in meiner Verblüffung saß, hörte ich den Unteroffizier Sepp Kaiser, einen Österreicher wie ich, empört sagen: »Halt's Maul« und danach sagte irgendeiner: »Nepanemei, Matka!« Und danach wieder – und das ist das, was mich nicht losgelassen hat – hörte ich ein Gelächter. Von unseren Leuten war es keiner gewesen, das hörte ich sofort, ich weiß aber auch nicht mehr zu sagen, ob es das Gelächter einer Frau war, die uns mit ihrer Stimme so verblüfft hatte.

Gewiß habe er das, was er beim Luftkampf in der Mönchszelle seiner Maschine tue, selbst zu verantworten, obwohl in seiner Zelle auch, unterm Kabinendach, nicht zu überhören, Befehl und Gehorsam säßen, zwei unauffällige Wesen, sagt Bartels. Die Angst, die doch jeder Soldat habe, wenn er schieße und wenn auf ihn geschossen werde, wäre nahezu gegenstandslos. Wohl, ein bißchen Druck auf dem Magen habe man. Aber das Nachhaltigste nach Luftkämpfen komme bei ihm abends und nachts, wenn er auf dem Feldbett liege und zu schlafen versuche. Jeden Luftkampf erlebe er in Gedanken nochmal. Ob das der Anlaß für die nächtlichen Schweißausbrüche sei, lasse er dahingestellt, man müsse es annehmen. Wahrscheinlich jeder Flieger nehme das Geschehen des Tages in seinen Schlaf mit. Und das seien die Gedanken: Er korrigiere im Halbschlaf beim »Revi«, dem Reflexvisier, seine Feuerstöße auf den anderen. Es bleibe seine Erfahrung: schon beim zweiten Feuerstoß müsse man sich eingeschossen haben; sonst verbrauche man zuviel Munition. Jede fünfte Patrone beim MG habe Leuchtspur.

Wir sind keine Philosophen, wir müssen jeden Tag fünfmal den Arsch in die Luft hängen. Einen Luftkampf kann man nicht aufbauschen; es ist ein solcher Wirrwarr und Aberwitz und mit einem Horror ohnegleichen verbunden.

Das Phänomen der Angst ist weniger wirksam als der Furchtaffekt, der auf den Feind gerichtet ist, der ihn erschießen, also rundheraus vernichten, oder noch genauer, umbringen wolle. Das kriegerische Handwerk sei schlimm genug. Todesangst oder Höllenangst, sagt Bartels, spüre er nicht. Aber Animosität gegen die Russen hätten sie; Angst, drüben, jenseits der Kolabucht, über russischem Gebiet, abgeschossen zu werden. Und Deutschenangst hätten die sowjetischen Flieger. Angst vor den »Faschisten«, wie die hochmütigen Deutschen hießen. Der Leutnant Schuck schoß eine Sowjetmaschine ab, der Pilot stieg mit dem Fallschirm aus, der ins Meer vor dem Fischerdorf Vadsö fiel und von einem deutschen Küstenschiff an Bord genommen wurde. Schuck flog mit dem Fieseler Storch hinüber. Es war ein unvergeßlicher Eindruck: Der Russe fragte ihn über den Dolmetscher, ob er jetzt erschossen werde.

Wir lieben das Leben, fuhr Bartels fort, glauben Sie es, wir hängen an diesem Leben. Mit der Möglichkeit des Todes müssen wir jeden Tag, jede Stunde fast, rechnen.

Ich bekam plötzlich Wut, die mir sonst schlecht zu Gesicht steht, daß ich den Argwohn, der in mir aufkam, überhören wollte. Drei zu drei waren wir, eine glatte Rechnung. Wir zu dritt und jene silbernen Pünktchen, die uns anscheinend nicht sehen wollten, zu dritt. Ich ging in die Kurve – wieder das Gelächter, nun noch häßlicher –, sagte nur noch, mehr für mich: »Dumme Gans!« und dann »Ran!« Ich drückte und zog wieder hoch, um mich in Angriffsposition zu setzen. Wir waren schnell heran, und nun konnten uns die Herrschaften nicht mehr übersehen. In sechstausend Meter Höhe begann der Luftkampf.

Es ist wahr, nachher weiß man von den Einzelheiten kaum noch was. Denn meist geht es mit einer Turbulenz zu, daß man sich nachher überlegen muß, wie alles kam und wie es gewesen ist.

Ich hing mich also hinter den mir am nächstliegenden, der immer wieder wegdrückte und wohl ahnte, daß es jetzt darum ging. Das Gelächter war weg. Der vor mir, so hastig er auch seine Maschine auf den Kopf stellte, wieder abfing und kurvte, hatte keine große Chance. In einer Kurve, wir waren nur noch viertausend Meter hoch, schoß ich den ersten ab. Ein Stück des Leitwerks des anderen wirbelte an meiner Kabine vorbei.

Nun mußte ich meinen Leutnant Berger heranlassen. Es erfordert verdammt viel Nervenkraft, mit den tausend Tücken und Unwägbarkeiten fertig zu werden. Zuweilen wundert man sich, daß alles so glatt ausgegangen ist. Ich sah nun auch, wie der Leutnant, dem ich den Rücken gegen Nummer drei freihielt, seinen ersten Abschuß hatte.

»Er ist in der Schlinge!«

Wieder und wieder überdenke ich, was es mit dem Gelächter für eine Bewandtnis hatte. Irgendwo im Bannkreis unserer Funkgeräte mußte wohl einer sitzen und zuschauen können, wie es hier oben bei uns zuging. Denn gleich, nachdem der Leutnant seinen ersten Gegner abgeschossen hatte, ertönte das Gelächter wieder. »Herrgott«, schrie ich, »halt's Maul!« Und dann wurde das Gelächter plötzlich abgelöst, und in deutscher Sprache, krächzend, aber deutlich zu verstehen, kam der Zwischenruf: »Er ist in der Schlinge!« Wer war in der Schlinge? Ohne Risiko kann man es sagen: Die Sowjets wollten uns verunsichern. Dann schütteten sie weitere Sätze in den Äther: »Wir ziehen zu!« und dann gewissermaßen die

Zugabe: »Er lügt schon wieder!« Mit solchen Drohungen überschütteten sie öfter die Nachrichtensendungen des Soldatensenders Finnmark in Vadsö. Sie hatten starke Störsender, die meist mit Brummgeräuschen arbeiteten.

Ich will im einzelnen nicht erzählen, wie es noch weiter zuging. Ich vergesse nicht, daß das breite Lachen dieser anonymen Stimme noch einmal da war. Ob sie auf ihre Art versuchen wollten, uns zu schrecken? Ob uns das Lachen Angst einflößen sollte?

Manchen Tumult in der Luft haben wir hier oben erlebt. Sie wollten uns verwirren, das ist es gewesen. Sie fragen, was das mit der weiblichen Stimme auf sich hatte? Sehr einfach, sie waren auf dieselbe Wellenlänge, auf die gleiche Kurzwellenfrequenz geraten.

Es war zu fragen, welche moralische Substanz Bartels Erzählung hatte. Eine Pointe, wenn auch etwas fragmentarischer Art, hat sie noch bekommen.

Am 23. Dezember 1944 wurde der Oberfeldwebel Heinrich Bartels nach einem Luftkampf über dem Rhein vermißt. Er hatte an diesem Tage eine viermotorige »Thunderbolt« abgeschossen; es sei sein 99. Luftsieg gewesen, stand Jahre später in einer dürren Aufzeichnung vermerkt, mit der Anmerkung: »Zum Eichenlaub eingereicht.« Die vermittelnde Natur der Jahre und Jahrzehnte tat das ihre, den Vermißten ins Dunkel treten zu lassen. Doch siebenundzwanzig Jahre später, 1972, fand man den Toten auf einem Acker bei der Wasserburg Gudenau bei Bad Godesberg. Sein Leichnam hatte sich sehr gut in der dichtgeschlossenen Kanzel seiner Messerschmidt 109 konserviert; beim Absturz hatte sich die Maschine fünfundzwanzig Meter tief in den Acker gespitzt. Das Erdreich hatte sich – milde, wie selbst ein Soldatentod sein kann – über ihm geschlossen.

Es wird schwierig, in globaler Sicht von Murmansk bis zu dem Dorffriedhof in Wachtberg-Villip bei Godesberg zu denken. Dort hat man ihn 1972 bestattet, nachdem die Bonner österreichische Botschaft herausbekommen hatte, daß die Ehefrau in Linz einen amerikanischen Soldaten geheiratet und mit dem über den großen Teich gegangen war.

Ein einziges Privileg hat ihm das Ritterkreuz noch eingetragen: Der Oberfeldwebel Bartels wurde vor fünf oder sechs anderen bestatteten Soldaten an die erste Stelle gelegt. Das kleine Holzkreuz steht gleich neben dem Treppchen zum Friedhof. Gelegentlich besuche ich das Grab. Das fremde Dorf hat den fremden Soldaten in seine Obhut genommen. Regelmäßig liegen Blumen dort.

Die Insel Johannes Mayer

Der Beerenberg, der einstige Vulkan

Die Berge fliegen, nicht wir.

Die Bergwelt Nordnorwegens ist es, die sich unter unserem Flugzeug bewegt. Überall, selbst jetzt im höchsten Sommer, ist das Gewirr der hundert und aber hundert Kuppen, Kegel und Sättel von Schneeschabracken überzogen. Eine von Unwirklichkeit und Feindseligkeit überzogene Bergszenerie – das ist Nordnorwegen für jeden Flieger. Hier herrscht das ungeschminkte Gesetz des Krieges. Nur ist nicht der äußere Feind der Gegner, hier steht dem Flieger das uralt überkommene Gesetz einer unversöhnlichen Natur als Feind gegenüber.

Wir fliegen von Bardufoss nach Jan Mayen. Zehnstündige Fernaufklärung. Nahezu dreitausend Kilometer Flug über dem Meer! Das ist bei einer Propellermaschine mit einer Reisegeschwindigkeit von 300 km/h eine Zahl, mit der man nicht viel anfangen kann. Jan Mayen – das Wort hat im unverwechselbaren Jargon des Eismeerfliegers einen besonderen Klang. Sie sprechen von diesem Inseleiland wie von einem uralten Bekannten. Es war ein niederländischer Walfänger, nach dem die Insel benannt ist, nachdem H. Hudson sie 250 Jahre vorher – 1607 – entdeckt hatte. Die Flieger sagen nicht Jan Mayen. Sie sagen Johannes Mayer. Das klingt nach einem betagten Onkel.

Es sind auf dem Hin- und Rückflug immer die gleichen weiträumigen Bilder: endloses Meer und weiter Himmel, Nebel, Wolken und Wogen. Einfach und elementar sind auch die Farben des sich wandelnden Grau, Grün und Blau, die in schwarzen Lack übergehen. Wolkengebirge segeln immer an den Rändern des Horizontes.

Zwischen Ozean und Himmel schwebt unser Flugzeug. Zehn, fünfzehn Kilometer, backbord voraus, krebsen die Kameraden von der US-Feldpostnummer, ein »Catalina«-Flugboot der Amerikaner, »Consolidated PBY-5« heißt die Maschine drüben, irgendwo an der grönländischen Südküste zu Hause, Marschgeschwindigkeit 230 km/h, also ein ganz müder Vogel, sechs Mann Besatzung. Wir sind keine Helden, die Amis sind keine Helden: Hallo, Boys! Wir werden uns doch gegenseitig nichts tun! Nicht schießen, Leute!

Sturmmöwen, Meertaucher und Segler sind unsere Begleiter, die tief unten wie die Boten einer fremden Welt dahinschießen. Ein Eisberg? Ein U-Boot? Das Jaulen und Fauchen des Windes meint man trotz des Motorengebrülls zu hören. Wütend wischt plötzlich ein Schneeschauer gegen die Maschine. Hatten die Boys gewinkt? Dann – wieder plötzlich – ist unsere Maschine durch Schnee und Nebel gestoßen, und gleißendes Sonnenlicht überfällt uns. Über uns, fern und unerreichbar, schwimmt das Blau des Himmels, und fern, aus dem wie dunkles Metall glänzenden Meer, steigt das Eiland von Jan Mayen. Aber auch dort hängt wieder eine Wolkenbank, und man weiß nicht, was Wolke, was Land, was Nebel, was Gletscher ist.

Eine Majestät für sich ist der Beerenberg, 2270 Meter hoch, vergletschert, im Norden der 372 Quadratkilometer großen

Insel. Der Flug um und über diesen Kraterberg ist von einer bezwingenden Einmaligkeit. Vor diesen Kriegsfliegern hat kein menschliches Auge je in diesen Krater gesehen. Wie eine Folie hängt die Wolkenbank um den in ewigem Eis erstarrten Berggipfel. Der Gipfel selbst stößt durch die Wolkendekke.

Wetterbeobachtung um Jan Mayen

Die Kriegshistorie hat es nachher an den Tag gebracht. Schon im September 1940 hatte die Kriegsmarine den deutschen Fischdampfer »Sachsen« umgerüstet und zum »Wetterbeobachtungsschiff 1« (WBS 1) zunächst in den Südausgang der Dänemarkstraße zwischen Island und Grönland in Marsch gesetzt; nur geringe Umbauten und Außenhautverstärkungen am Schiff waren notwendig gewesen. Das Schiff wurde im Frühjahr 1941 aus diesem Operationsgebiet genommen, weil die Amerikaner es spitzgekriegt hatten (siehe »Atlantische Welt«, Heft 6, 1967), und ein zweiter Einsatz, der zunächst »nicht im Rahmen der synoptischen Wetterbeobachtung geplant war..., sondern den Ausbruch des Schlachtschiffes ›Bismarck‹ durch Erkundung der Dänemarkstraße auf Eisverhältnisse, gegnerische Minensperren und Fliegertätigkeit vorbereiten sollte...«. Als Meteorologe war H. R. Knoespel an Bord der »Sachsen«, der später zwei bemerkenswerte Überwinterungen auf Spitzbergen als Leiter zweier Wettererkundungsunternehmen zubrachte: Unternehmen »Knospe« in Lilliehöökfjord vom 12. 10. 1941 bis 24. 8. 1942 und Unternehmen »Kreuzritter«, ebenfalls im Nordwesten Spitzbergens, vom 4. 10. 1943 bis 1. 7. 1944 (siehe ebendort »Atlantische Welt«, 1967).

Nach Erfüllung ihres Auftrages in der Dänemarkstraße nun erhielt die »Sachsen«, die bereits auf dem Rückmarsch Island passiert hatte, den Befehl, als Wetterbeobachtungsschiff in das Operationsgebiet um Jan Mayen zu gehen. Trotz schwerer Frühjahrsstürme und fortwährender Vereisung des Schiffes gelang es der »Sachsen« erneut, »mit den Meldungen ihrer Beobachtungen die klaffende Lücke im Wettermeldenetz zu überbrücken. Es erwies sich allerdings recht bald, daß der amerikanische Funkpeildienst das Schiff erfaßt hatte und Streitkräfte darauf angesetzt waren. Durch Ausweichen in das Eis und Wahrung vorübergehender Funkstille konnte die ›Sachsen‹ sich jedem Zugriff entziehen. 86 Tage war sie bei Jan Mayen stationiert.« (Fregattenkapitän Otto Lipps).

Jan Mayen war 1942 eine Zeitlang von einem Trupp amerikanischer Horchfunker besetzt. Aber auch einige Norweger hatten nach der Besetzung ihres Landes durch die Deutschen auf Jan Mayen Posten gefaßt; nicht für die deutsche Wehrmacht, das versteht sich.

Alfred Andersch erzählt 1969 in seinem Buch »Hohe Breitengrade«: »Sören Richter erzählte nicht von der ›Fram‹, mit der er gefahren ist; aus irgendeinem Grunde erzählte er, wie er mit einer Handvoll norwegischer Soldaten den letzten Krieg auf Jan Mayen verbracht hat. Wir hörten ihm zu, neidisch und bewundernd. Er hat mehrere Jahre in der Sturmhölle des Eismeers gelebt! Er ist einer der wenigen Menschen, die den Vulkan Beerenberg gesehen haben!«

Bei Otto Nordenskiöld lese ich, 1911 geschrieben: 500 Kilometer östlich von der Mündung des grönländischen Scoresbysundes liege die einsame Insel Jan Mayen, auf der Grenze zwischen dem warmen Wasser des Golfstromes und dem kalten Eisstrome Ostgrönlands; »infolgedessen ist ihr Klima so stürmisch und veränderlich wie wenige andere auf Erden, aber ohne strenge Kälte. Die Natur ist ganz hocharktisch, die Vegetation unbedeutend und an höheren Tierformen trifft man nur den Polarfuchs nebst zahllosen Seevogelscharen... Im Süden erhebt sich eine Berghöhe neben der anderen, und jede ist ein prachtvoll ausgebildeter Vulkankegel mit regelrechtem Krater... Der nördliche Teil ist ein einziger gewaltiger Vulkanberg, der Beerenberg. Sein nie von Menschen bestiegener Gipfel erhebt sich in regelmäßiger Kegelform und ist in einen bläulichglänzenden Eismantel gehüllt, der stellenweise bis an das Seeufer hinabreicht.«

Sein nie von Menschen bestiegener Gipfel! Wohl, es mag noch immer wahr sein, daß der Beerenberg noch nie bezwungen wurde. Aber er wurde Schauplatz einiger Fliegerschicksale, die dank der Bemühungen des Volksbundes Deutsche Kriegsgräberfürsorge geklärt werden konnten.

Das surrealistische Bild der toten Flieger

Am 7. August 1942 stürzte über Jan Mayen eine deutsche viermotorige FW 200, eine »Condor«, mit sieben Besatzungsmitgliedern ab. Am gleichen Tage – die Duplizität der Ereignisse und die Frivolität der Tatbestände werden offenkundig – knallt eine zweite deutsche Maschine, vermutlich eine He 111 der Wetterfliegerkette aus Banak, denn ein Inspektor ist an Bord und unter den Toten, gegen einen Berg auf Jan Mayen.

Der Volksbund Deutsche Kriegsgräberfürsorge hat es an den Tag gebracht. Die Schnödigkeit solcher Abstürze kann der Volksbund, der so hohe Verdienste um die Identifizierung toter Soldaten hat, nur mit dem in allen Armeen heimischen Wirklichkeitssinn verbinden: An ihren Erkennungsmarken, die Soldaten auf der Brust trugen – sie nannten sie böse Hundemarken –, sollt ihr sie erkennen!

Es war wohl auch kein Zufall, daß der Todestag der beiden Besatzungen am 7. August 1942 zwischen zwei Geleitzügen Reykjavik-Murmansk lag; der PQ 17 verließ am 27. Juni, der PQ 18 am 7. September 1942 Reykjavik. Die deutsche Luftwaffe flog Tag für Tag Aufklärung, um womöglich vom Geleit versprengte Einzelfahrer auszumachen. Ruhmreiche Expeditionen waren das nie.

Die Trümmer der auf Jan Mayen abgestürzten FW 200, der Viermot-»Condor«, so erfahre ich beim Volksbund im Jahre 1978, wurden erst Anfang der fünfziger Jahre durch eine wissenschaftliche Expedition entdeckt. Die sieben Besatzungsmitglieder dieser Maschine konnten seinerzeit auf dem »Mohnberg« bestattet werden. Durch die aufgefundenen Erkennungsmarken konnten sechs Tote identifiziert werden, während der siebte vermutlich ein Meteorologe war. Diese Toten wurden im September 1959 von Norwegen ausgebettet und durch die norwegische Marine zum Festland gebracht, wo sie auf dem Friedhof Narvik bestattet wurden. Es waren folgende Besatzungsmitglieder:

Oberfeldwebel Alfons Kleinschnittger
geb. 5. 3. 1910 in Giershagen
Feldwebel Paul Lemke
geb. 3. 10. 1917 in Drewitz
Unteroffizier Werner Schelle
geb. 15. 11. 1908 in Erfurt
Unteroffizier Oskar Walter
geb. 21. 1. 1921 in Rosenheim
Unteroffizier Karl Classow
geb. 8. 9. 1913 in Neustrelitz

Unteroffizier Josef Kotzur
geb. 30. 8. 1917 in Friedenshütte

Die Trümmer der zweiten Maschine befinden sich auf dem Berggipfel »Cape Wien«, und die Toten, so vermerkt der Volksbund 1978, konnten trotz aller Bemühungen bisher nicht geborgen werden. Die Namen dieser vier Besatzungsmitglieder sind:

Oberleutnant Werner Köhler
geb. 25. 2. 1913 in Fallersleben
Wetterdienstinspektor Heinrich Beuck
geb. 28. 8. 1911 in Wankendorf
Feldwebel Günther Geerhahn
geb. 23. 4. 1918 in Rostock
Herbert Bunge
geb. 30. 5. 1915 in Eilenburg

Diese vier Flieger, 1942 abgestürzt, 1978 noch nicht geborgen, verleiten zu Assoziationen; aber wir sollten uns nicht mit unerhellten Verknüpfungen begnügen. Auf einem in diesem Buch abgedruckten Foto ist die Absturzstelle an der Steilwand auf der Insel Jan Mayen kenntlich gemacht.

Es sind vier, die vor sechsunddreißig Jahren hier zu Tode kamen. Sie knallten gegen den Berg. Der Wind von sechsunddreißig Jahren, die Stürme der Arktis von sechsunddreißig Jahren und die Sonne von sechsunddreißig Jahren ging über die Toten hinweg. Wind, Stürme und Sonne taten barmherzig ihr Werk, das tote Gebein bleichte dahin. Das tote Gebein hatte es gut. Heute liegt ein Nato-Flugplatz auf Jan Mayen, wie im Großen Brockhaus nachzulesen ist. Ob es keinen Hubschrauberpiloten gibt, der die Zwiesprache vernimmt mit dem zerfallenen Leben der Soldaten Köhler, Beuck, Geerhahn und Bunge und die Knochengerüste bergen würde? Ein surrealistisches Bild da auf dem Berggipfel von »Cape Wien« auf Jan Mayen!

Über den Inseln Waigatsch und Nowaja Semlja

Die Sonne tönt in alter Weise

Man stellt so allerhand vergleichende Betrachtungen an. Nowaja Semlja – das ist nicht Grönland, das ist nicht Spitzbergen. Auf der Landkarte hat sich die Doppelinsel einerseits wie eine Schmuckschleife, anderseits wie eine riesige harte Mettwurst in das Nördliche Eismeer, genauer zwischen Barentssee und Karischem Meer, gelegt, von der Insel Waigatsch durch die Karische Straße getrennt. Sie ist sowjetisches Territorium, 82 600 Quadratkilometer groß, ein Drittel von der Größe der späteren deutschen Bundesrepublik.

Der Große Brockhaus bemerkt, daß die Inselgruppe aus vierzig bis einhundertzehn Kilometer breiten Haupt- und mehreren kleinen Inseln besteht, die sich als Fortsetzung des Polar-Urals bogenförmig von Südwest nach Nordost über tausend Kilometer erstrecken. Die zwei bis drei Kilometer breite Matotschkin-Straße trennt die Süd- von der Nordinsel. Im Inneren der Insel gibt es Gletschertäler und Fjorde. Eis bedeckt ständig ein Viertel der Gesamtfläche. Es herrscht, so der Brockhaus, rauhes Polarklima (Januarmittel –22° Celsius, Julimittel 2,2° Celsius), hohe Luftfeuchtigkeit, häufige Nebelbildung, stürmische Winde. Die Nordinsel ist arktische

Wüste mit Flechten und Moosen, die Südinsel hat Tundravegetation. Geringe Bevölkerung, die sich aus Nenzen und Russen zusammensetzt, Fischer und Pelztierfänger, mehrere meteorologische und geophysikalische Stationen.

Man braucht den Blick aus der Ju 88-Kanzel nicht zu zügeln. Wir fliegen Patrouille, Wettererkundung und taktische Aufklärung. Nach vier Stunden Flug von Banak über Vardö, rechts die Fischerhalbinsel mit Murmansk und die Halbinseln Kola und Kanin mit Archangelsk, die wir ahnen, aber nicht sehen; wir überfliegen die entsetzliche Weite der Barentssee, rechter Hand die Insel Kolgujew, Tundracharakter, endlich die Insel Waigatsch.

Es ist physikalisch wohl unhaltbar, wenn man sagt, die Luft sei wie eine Waschküche und die Insel erscheine mit ihrem graugelben Ton wie ein Drecknest. Geologisch freilich, sie muß Millionen Jahre auf dem Buckel haben, ist sie interessant.

Zwei- bis dreimal wöchentlich wird dieser Törn geflogen. Der Aktionsradius der Fernaufklärer – übrigens haben wir inzwischen die beiden leeren Tanks der Spritzusatzbehälter abgeworfen – geht bis zu den Längen- und Breitengraden des Ural. Rechter Hand kommen, einige hundert Kilometer entfernt, aus Sibirien und Ural die Flüsse Dwina, Petschora und Ussa und der Ob ins Nördliche Eismeer. Dies nur, um die belebte oder unbelebte Geographie deutlich zu machen.

Als ich zum Oberfeldwebel schaue, der am Steuerknüppel sitzt, Bödecker heißt er, er hat ein dünnes, kniffliges Gesicht, denke ich: Haben wir nicht Krieg? Der Mensch stammt aus Sachsen, glaube ich. Als Kriegsberichterstatter komme ich mir wie ein Faktotum vor.

Ich werde die Episoden wie Perlen an der Schnur der Handlung aufreihen. Kann man das, ein militärisches oder technisches Faktum, wie so ein Flug sich darstellt, ästhetisch deutlich und fruchtbar machen?

Wohl kann man sich einbilden, wenn man die Wolkendecke durchstoßen hat, wie jetzt, in diesem Augenblick, wenn die Sonne wie in alter Weise tönt, wie der Dichter sagt, man müsse das Wunder Leben doppelt fühlen und – pardon – ehrfurchtsvoll einen Augenblick innehalten, aber die Gedanken sind doch woanders. Die Gedanken sind bei den beiden Motoren, beim Instrumentenbrett.

Wettererkunder suchen Höhen von siebentausend bis fünfzig Meter. Der Wetterdienstinspektor, ein Meteorologe, sitzt neben dem Flugzeugführer und bedient sein Instrumentarium und mißt alles, was zu messen ist. Ich verstehe nichts von diesem Werk. Heute früh hatte ich gesehen, daß der Inspektor hohe Auszeichnungen auf seiner Uniform mit den grünen Kragenspiegeln trug.

Gefangenenlager mit Wachttürmen

Die Wolkendecke reißt auf, wie flirrende dünne Schleier jagt es unter der Maschine. Unten ist das Meer, über dem es sich ruhiger fliegen läßt. Wellenschuppen rollen dahin, ein stummes Spiel. Der Oberfeldwebel schiebt die Sonnenbrille nach oben. Wie oft ist er eigentlich diesen Waigatsch-Nowaja Semlja-Törn schon geflogen? Diesen nahezu zehnstündigen Törn, während dem er die Fäuste nicht vom Knüppel nehmen kann? Darf er an die Schrecken der Schlechtwetterflüge erinnern, wenn er wie ein Höllenhund aufpassen muß, daß er durch Nebel, Wolken, Böen, Hagel und Schneeschauer seine Mühle hindurchzieht! Und die Strecke erst, von der sich kaum ein Mensch eine Vorstellung macht. Der Hin- und

Rückflug bis zum Karischen Meer ist eine weit längere Strecke als von der Westküste Afrikas bis nach Brasilien. Das muß mal gesagt werden.

Da ist Nowaja Semlja, dort Steilufer, dort flaches Vorland. Gleich, der Oberfeldwebel geht in eine Rechtskurve, werden die Möwen- und Wildentenschwärme vor unserem großen Vogel aufstieben. Dort steht die verlassene Funkstation. Wieder das Meer in seiner Verlorenheit, versunken gleichsam in ewiges Vergessen. Eine unbekannte und doch so bekannte Welt. »Passen Sie auf«, wird der Kriegsberichter angesprochen.

Es ist filmisch gut geraten, was Bödecker dem Berichterstatter an Bord vorführt: in gehöriger Distanz zum Flugzeug ein Gefangenenlager mit den typisch sowjetischen Wachttürmen. Die Deutschen wären nicht sie selber, unterließen sie es nicht, aus diesem Anblick sämtliche fatalen Konsequenzen zu ziehen: »Das sind wahrscheinlich Plennis«, sagt Bödecker, also deutsche Kriegsgefangene. Man arrangierte damals gern solche Bilder. Auch Jahrzehnte nach dem Kriege hat man noch nicht herausbekommen, ob hier deutsche Kriegsgefangene waren. Hier ist Willem Barents, der holländische Seefahrer und Patron der Barentssee, im 16. Jahrhundert an Skorbut gestorben, geht es mir durch den Sinn. In ein paar Minuten ist viel geschehen. In ein paar Minuten – kein Flak- oder MG-Geschoß wird der deutschen Maschine gewidmet – ist man schon wieder auf der offenen See.

Das Meer ist also wieder unter ihnen, und dann ertönt Bödeckers Stimme in den Ohrmuscheln: »Heizer!« sagt die Stimme zu dem sehr jungen Gefreiten, dem Bordmechaniker, der neben mir sitzt:

»Ja?«

»Kaffee!«

Der Heizer kramt in der Aktentasche, öffnet die Thermosflasche, packt den Keks aus, dazu jeder seine Dose Schokakola und eine Tablette Pervitin gegen das Einschlafen. Frühstück über der Barentssee.

Es besteht Befehl, beim Beginn des Rückflugs den Kaffee gewissermaßen auf halber Strecke zu trinken. Er hat die spezifische Funktion, die Besatzungen aufzumöbeln. Früher bekamen die Flieger als Fliegerzusatzverpflegung die puren Kaffeebohnen. Sie sollten sich selber den Kaffee brauen dürfen. Die Regel war, daß die Soldaten die Kaffeebohnen ihren Lieben daheim schickten.

Wozu ist die Straße da

Eine ohnmächtige Welt ist das hier. Tief unten wieder aufgescheuchte Vögel. Einige Eisschollen schwimmen unten. Die Vögel jagen erschreckt vor dem großen Vogel über den Wasserspiegel. Das Wrack eines Handelsdampfers, die Aufbauten in stummer Anklage zerfetzt aus dem Wasser ragend. Bödecker muß an den Geleitzug im Jahre 1942 denken, wo er Fühlunghalter am Geleit war.

Wenn der Rückflug angetreten ist, geht ein Aufatmen durch die Besatzung. In fünf Stunden werden sie wieder einfallen auf dem Horst in Banak. Gottvater scheint über dieser einsamen Welt zu nisten; den alten HERRN mag es stören, daß die Menschen diese Welt, die er der großen Einsamkeit vorbehalten hat, in ihr kriegerisches Werk einbezogen haben.

Seltsam still ist es nun in der Kabine. Regelmäßig kommen die Peilungen. Und doch: ist da nicht ein Quentchen guter Laune? Dem Kriegsberichter wird tatsächlich eine Pointe geliefert. Denn was anderes ist es, wenn plötzlich der Oberfeldwebel Bödecker ein Liedlein in seinen Bart beziehungsweise ins Kehlkopfmikrophon summt: Wozu ist die Straße da... singt er. Und der Beobachter, der Wetterdienstinspektor, der nun Kartenblatt und Gerät beiseite legt, gibt die Antwort: zum Marschieren, zum Marschieren in die weite Welt. Den Rühmann-Film hatten sie vor ein paar Tagen gesehen. Vielleicht reizt es, sich noch einmal klarzumachen, wo man ist. Aber was bedeutet das, wenn man sagt, zwischen dem 70. und 80. Breitengrad!

Dann taucht Nordnorwegens Küste auf, Fjorde öffnen sich landeinwärts, Gipfel liegt hinter Gipfel, die letzten kaum noch erkennbar. Mit der Bodenstelle haben sie Verkehr. Alles klar! Um die Mittagsstunde schwebt die Maschine ein. Das Kreuz schmerzt den Männern, dumpf ist der Kopf. Es ist ein tröstliches Wissen, daß gleich eine kräftige Suppe vor ihnen stehen wird. Um vierzehn Uhr liegt alles in tiefem Schlaf.

Banak oder: die halben Wirklichkeiten

Mit dem Soldaten Werner Vollmer, Obergefreiter beim Bodenpersonal einer Kampffliegerstaffel, achtundzwanzig Jahre alt, Sohn eines Landwirts aus dem Bezirk Kassel, fuhr ich im Rutebil die Pässe und Kehren in Nordnorwegens Bergen. Obergefreiter Vollmer war im Zivilberuf Geometergehilfe des Kreislandmessers.

Wo er herstammt? Ein Städtchen, an dem die Weltgeschichte wahrscheinlich ohne besondere Spuren vorübergegangen ist, das aus Häusern besteht mit kleinen und großen Höfen rundum, die sich ins Land verlaufen, und das ein Gesicht hat wie all diese Städtchen und Dörfer in Kurhessen. Fliegerbomben sind noch nicht gefallen. Konsequent wird dort Adam Vollmer, der Vater des Soldaten Werner Vollmer, aufstehen, im Sommer um vier, im Winter um sechs, und sein Tagewerk betreiben. Es scheint nicht wichtig, dies zu wissen, denn im wesentlichen verläuft jedermanns Leben mit Aufstehen und Tagewerk ähnlich. Aber es ist doch wichtig, denn es ist von Bedeutung, daß Werner Vollmer vom Lande stammt und infolge dieser Vorzüge ein anderes, ein innigeres Verhältnis zur Natur hat als viele seiner Soldatenkameraden. Die Wucht seiner Statur und seines Wesens verrät auch dem Unkundigen einen bäuerlichen Zuschnitt. Sein Brustkorb mit den Armen wird ein wahres Gebäude von Muskulatur sein.

Obergefreiter Werner Vollmer war ein Soldat, treu, kameradschaftlich, gehorsam, sowie – nicht zu vergessen – mit einem Schuß Pfiffigkeit. Das hat man bald heraus, das letztere.

Es ist klar, daß nahezu vier Jahre Norwegen, davon zwei Jahre Banak in Nordnorwegen, nicht spurlos an einem Menschen vorübergehen. Aber Vollmer zieht den bündigen Schluß: Lieber Nordnorwegen als Stalingrad. Wessen Veranlagung danach ist, der neigt mit der Zeit zum Sinnieren. Doch die Veranlagung unseres Obergefreiten war, sich schnell an solche Dinge zu gewöhnen. Dies hier oben, keine hundert Kilometer unterm europäischen Nordkap, ist ein Stück Erde, wo man anfängt, nach dem Sinn der Dinge zu fragen. Hart stoßen sich bisweilen die Gedanken, doch nah beieinander wohnen sie zu fünft, nämlich in einem Raum der Baracke.

Banak ist wie das Riesenrund einer Arena, die Ränder sind von Bergen umstellt, und für die eine Seite, die nach Süden, von der der Lakselv tobend und gischtend herunterstürzt, und die sich rechts wie zu einer Himmelfahrt hinauftürmt, haben sie eine Bezeichnung gewählt und eine vergleichende Formel gefunden, die einen menschlichen Körperteil betrifft und kurz, knapp und sinnvoll mit A.d.W. abgekürzt wurde. Banak heißt, ins Deutsche übersetzt, »Ende der Straße«, für sie ist es der Arsch der Welt.

Allgemein ist zu wissen, daß hier im Sommer noch und im Sommer schon Schnee auf den Bergen liegt. Multebeeren und Preiselbeeren wachsen dort, Rentiermoos wuchert, und ein krüppliges Gezwerge von Birken, mannshoch etwa, ist das, was die Natur hergibt. Allen botanischen Regeln zum Trotz wachsen sogar grüner Salat und Tomaten in Banak, wegen der Vitamine, schmunzelt Vollmer (wobei er nicht verschweigt, daß sie in Treibhäusern gezogen werden, die sie sich selbst angelegt haben). Bei zwei Jahren Banak besteht übrigens Skorbutverdacht.

Obergefreiter Vollmer hat einmal mit dem Karabiner – eine Kunst – zwei Schneehühner geschossen. Platinfüchse könnte man schießen, vielleicht für die Frau oder die Braut, wenn man Glück hätte. Aber man hat es nicht. Die Frauen von daheim schreiben: Könntest du nicht? Nein, sie können nicht.

Das große Wort führt hier im Winter bis in den Mai der Sturm. Wenn der hier fegt, eisig, unheilvoll und schikanös, wenn die Baracken tagelang zittern und beben, wenn er kein Pardon gibt und man glauben könnte, irgend etwas müsse jetzt bersten, wenn innerhalb von fünf Minuten meterhohe Schneewehen die wenigen und kargen Wege unpassierbar machen – Herrgott von Bentheim, dann sehnt man sich danach, im Bezirk Kassel zu sitzen.

Sie sitzen dann in ihrer Baracke, wie die Einödmenschen. Gewiß, sie hören Radio vom Soldatensender Finnmark, am liebsten schräge Sachen. Sie lesen, schreiben, spielen Doppelkopf, Skat, Schach und Mühle, tun dies und das. Auch das Homoerotische spielt eine Rolle. Ein Sonderführer der Kriegsberichter wurde mit einem Obergefreiten im Bett erwischt, kam vors Feldgericht und in lange Haft.

Die Landschaft ist erschaffen worden in einer Zeit, die nicht mehr auszurechnen ist. Zuweilen wird die Vorstellung zwingend, man habe es hier mit des Herrgotts erster Landschaft zu tun, die Erde war öd und leer. Alles ist nämlich nur halb anwesend, alles ist nur wie halbe Wirklichkeit.

Vollmer erzählt: Zwei Jahre bin ich hier oben. Der Fliegerhorstkommandant ist Herr Matthias, ein Major, der sich gern Vater der Banaken nennen läßt, bei dem die gute Gesinnung von selber ins Kraut schießt. Mittels Urkunden hat er die Sol-

Eine Messerschmitt 109 in Petsamo. *(Foto: Dölling)*

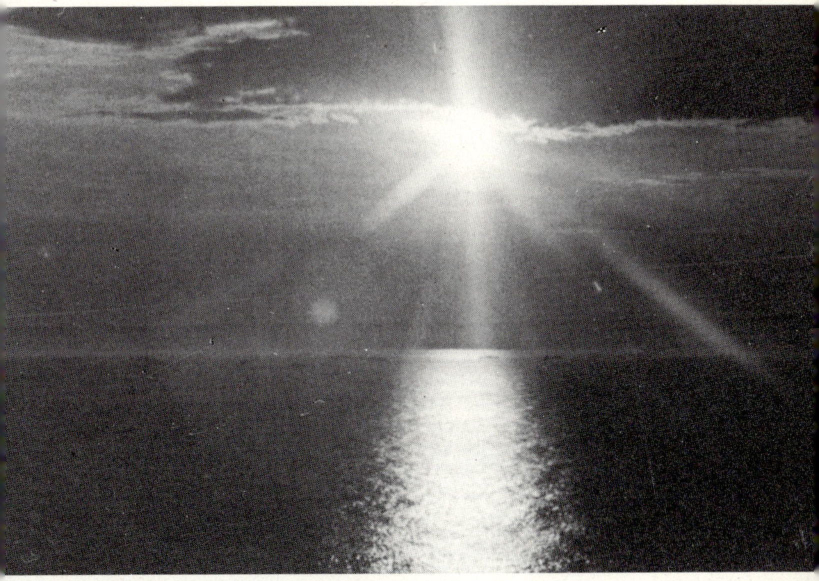

Mitternachtssonne über dem Eismeer: eine eindrucksvolle Naturerscheinung. *(Foto: Henkels)*

Diese vier Jagdflieger schossen am Eismeer über 700 gegnerische Flugzeuge ab. (Von links nach rechts: Leutnant Walter Schuck, der einzige Überlebende; Hauptmann Franz Dörr; Major Heinrich Ehrler; Leutnant Jakob Norz. Schuck und Ehrler waren Eichenlaubträger, Dörr und Norz Ritterkreuzträger.) *(Foto: Jung)*

Jagdflieger über Petsamo. *(Foto: Meinhold)*

Der He 111-Pilot Peter Lohmanns, mit dem der Autor flog. *(Foto: Luftwaffe)*

Der Eisfjord auf Spitzbergen. Im Hintergrund Barentsburg. *(Foto: Henkels)*

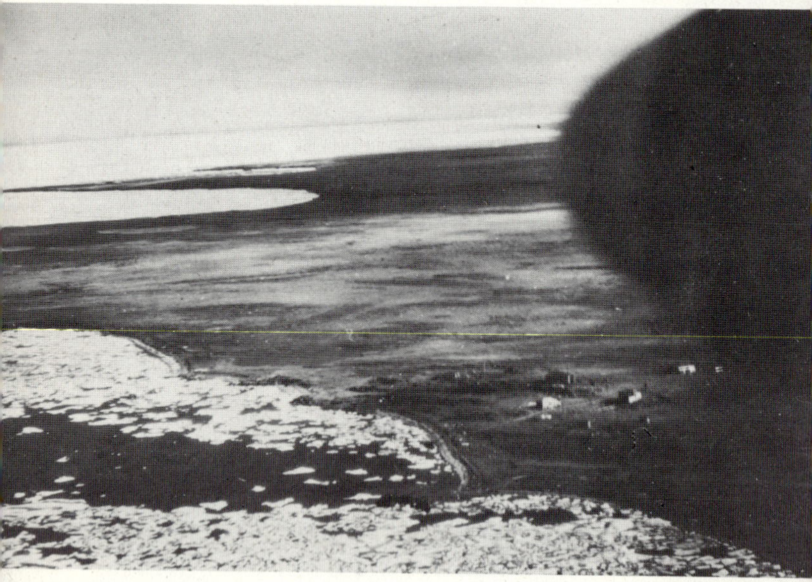

Grenze Europa-Asien. An der Iugorstraße, der Meerenge zwischen russischem Festland und der Insel Waigatsch. *(Foto: Archiv des Autors)*

daten in Urbanaken, Oberbanaken und Banaken eingeteilt. Vollmer darf sich, laut Urkunde, Oberbanake nennen.

Ich selber bekam eine Urkunde, daß ich »Banake« sei, weil ich mindestens drei Monate »auf dieser kulturfremden, chaotischen Scholle zäh und entsagungsvoll ausgeharrt« hätte.

War »Banake« ein aliterarisches Synonym für »Hanake«, den böhmischen Gimpel und Dummkopf? Fast wäre er übrigens – eines Tages tauchte er am Eismeer auf – dem Herrn von Unruh, dem General »Heldenklau«, ins Garn gegangen und von ihm kassiert worden.

Wenn wir nach Deutschland in Urlaub fahren, erzählt Vollmer, sind wir mindestens drei Wochen unterwegs, meist noch länger. Manche bringen es auf sechs Wochen. Ehe wir zu Schiff in Narvik sind, dann in Drontheim, dann in Oslo, sind schon Ewigkeiten vergangen. Und wenn wir dann an früher denken: Weggesunken, bald wie ausgelöscht, wie nie gewesen ist dann das, was vor dem Kriege war. Nur leichte Wellen der Erinnerung kommen noch heran. Zum Beispiel die Gedanken an die Weibsbilder. Ungeschminkt, es gebe tausend Spielarten, an die Frauen zu denken und sich ihrer zu bemächtigen – in Gedanken.

»Banak« – in dem Wort klingt für den Kundigen etwas mit, was man am besten mit klösterlichem Leben umschreibt. Banak ist ein einziges Frostnest. Vor allem, wie gesagt, keine Weiber. Kommt eine Theatertruppe, fallen die Offiziere darüber her. Für den Norweger hört Norwegen bei Drontheim auf, was darüber ist, ist vom Übel. Banak liegt darüber, mehr als tausend Kilometer nördlich von Drontheim.

In diesem Land der halben Wirklichkeiten stehen die Männer, die sehr selten in einem Kriegsbericht erwähnt werden. Jüngst nun passierte dies: Der Oberleutnant Rudi Schütze von den Wetterfliegern sollte eine sechsmotorige Ju 290, eine

Transportmaschine, von Banak nach Deutschland überführen. Sechzehn Landser hatten sich bei der Flugleitung als Urlauber eingefunden. Obwohl das Mitnehmen von Urlaubern streng verboten war, ließ Schütze sie mit Sack und Pack an Bord gehen, klammheimlich, versteht sich. Am Porsangerfjord knallte die Maschine, Schütze bekam sie nicht richtig hoch, gegen einen Berg; kein Überlebender. Die verkohlte Leiche Schützes erkannte man nur noch am Ritterkreuz. Schütze konnte noch von Glück sagen: Ein noch im nachhinein gegen ihn eingeleitetes Kriegsgerichtsverfahren wegen fliegerischer Unzucht wurde eingestellt: der Angeklagte – wie wahr – sei tot.

Von Werner Vollmer ließ ich mir das erzählen. In Drontheim, als er auf den Urlauberzug nach Oslo wartete, sagte er bitter, aber böse: Ein Mann will nach Deutschland. Dann ging er mit einem Fäßchen zu einer Baracke, über deren Eingang stand: Heringsweiterleitungsstelle. Wo er selbiges aufgab.

Aus: Rohwer/Hümmelchen »Chronik des Seekrieges«

29. 10. – 9. 11. 1942

Auf sowj. Drängen laufen ab 29. 10. von Reykjavik mit 200 sm Abstand 13 einzelne Frachter nach Murmansk und Archangelsk, 5 Einzelfahrer kehren von sowj. Häfen nach Island zurück. Von den ostgehenden Schiffen gehen 6 verloren: Am 2. 11. versenkt *U* 586 (Kptlt. v. d. Esch) die *Empire Gilbert* (6640 BRT). Am 4. 11. werden die ersten Schiffe von der K. Fl. Gr. 406 erfaßt. Von den angesetzten *Ju* 88 der I./K. G. 30 wird die sowj. *Dekabrist* (7363 BRT) versenkt, während die II./ K. G. 30 2 Schiffe beschädigt. Von ihnen wird die *William Clark* (7176 BRT) durch Fangschuß von *U* 354 (Kptlt. Herbschleb), die nach einem weiteren Bombentreffer am 5. 11. an dem Südkap Spitzbergens aufgesetzte *Chulmleigh* (5445 BRT) durch 1 Torpedo von *U* 625 (Oblt. Benker) am 16. 11. vernichtet, das außerdem am 6. 11. die *Empire Sky* (7455 BRT) versenkt. Gegen den Verkehr wird am 5. 11. der Schwere Kreuzer *Admiral Hipper* (Kpt. z. S. Hartmann mit eingeschifftem B.d.K., VAdm. Kummetz) mit der 5. Z-Flottille (Kpt. z. S. Schemmel) – Z 27, Z 30, *Friedrich Eckoldt, Richard Beitzen* – angesetzt. Das K. G. 30 fliegt Aufklärung. Am 7. 11. wird der westgehende sowj. Tanker *Donbass* (7925 BRT) erfaßt und durch Z 27 versenkt, ebenso der sowj. U-Jäger *BO*-78.

Die Schiffbrüchigen-Story von der Hopeninsel

Ab nach Murmansk

Serje Andretschenko, 47 Jahre alt, in Nikolajew am Schwarzen Meer, unweit Odessa, zu Hause, seit langem Kapitän des rund achttausend Bruttoregistertonnen großen sowjetischen Dampfers »Dekabrist«, wartete seit Tagen im Hafen von New York auf die Abfertigung. Nun war es soweit. Ein amerikanischer Admiral stand vor ihnen, den Kapitänen zahlreicher Europa-Schiffe, und gab letzte Weisungen und Ratschläge. Serje Andretschenko mußte scharf aufpassen, um zu verstehen, was der Admiral, den sie Kommodore nannten, dahersprach. Serje Andretschenko beherrschte das Englische nur schlecht. Der sagte also: Morgen gehe es los, im Geleitzug nach Schottland, dies und jenes sei als Geleitschutz mitgegeben, und er empfehle, im Atlantik die Augen aufzumachen. Während der Fahrt, er mache es jedem zur Pflicht, dürfe weder der gesteuerte Kurs auf den Seekarten abgesetzt noch irgendwelche Eintragung ins Schiffstagebuch vorgenommen werden. Kursanweisungen würden von Fall zu Fall bei Tage durch Flaggen-, bei Nacht durch Morsesignale durchgegeben.

Am nächsten Tage versammelte sich das Geleit draußen auf

See, lauter Briten und US-Amerikaner, nur die »Dekabrist« fuhr unter der Flagge der UdSSR.

Es war ein schöner Frühlingstag im Jahre 1942, als sie die Reise antraten. Sie kamen – vierzehn Tage brauchten sie – ungeschoren drüben an. Als die schottische Küste gesichtet wurde, löste sich das Geleit auf, er machte mit seinem Dampfer auf dem River Clyde vor Clydebank an der Boje fest. Rätselhaft blieb ihm, wie er mit seiner Ladung, die ausschließlich aus Lebensmitteln, Mehl, Konservenfleisch und Butter in Fässern bestand, nach Murmansk weiterkommen sollte. Zunächst tat er sich jedenfalls mit seinen Leuten, achtzig waren sie insgesamt, in Glasgow um. Im Klub der Kriegsmarine, wo er mehrmals zu Gast war, gab es ein gutes Essen, und er hatte, er wollte es sich ruhig gestehen, keine große Eile mit dem Weiterkommen, denn von der Eismeerpassage sprach man nicht gut.

Aber eines Tages, Anfang Juli etwa, nachdem er schon mehr als zwei Monate in Glasgow tatenlos herumgesessen hatte, wurde er mit einem Kutter zum Marinegebäude in Glasgow gefahren. Wieder Versammlung der Kapitäne, wieder Anweisungen, und dann: »Gute Fahrt!«

Tags darauf schipperten sie, zehn Frachter, begleitet von Zerstörern und sonstigen Bewachungsfahrzeugen und noch einem großen Aufgebot von Flugzeugen gen Norden mit Ziel Reykjavik auf Island. Es ging wieder alles gut. Nur einmal gab es während der fünftägigen Überfahrt Alarm, aber ohne Feindeinwirkung.

Auf der Reede von Reykjavik machte er wieder fest, die Besatzung ging an Land, machte sich gute Tage, soweit das hier möglich war, und es lag schon längst wieder Schnee, als er Ende Oktober 1942 von Reykjavik aus auf die Reise geschickt wurde. Man erzählte sich keine guten Sachen von der Route nach Murmansk. Nun denn, viel Glück, Serje Andretschenko, und nochmals gute Fahrt! Es half nichts, in Murmansk warteten sie längst auf ihn.

Er rechnete auf die Dunkelheit. Bei den langen Nächten und den kurzen Tagen konnten auch die Deutschen hier oben kaum noch gefährlich werden.

Ohne Sicht passierte die »Dekabrist« als Einzelfahrer nachts die Insel Jan Mayen. Dann nahm sie direkten Kurs auf die Südspitze Spitzbergens bis etwa 74 Grad nördlicher Breite und 10 Grad östlicher Länge, und nun, er durfte jetzt wohl aufatmen, steuerten sie die Hopeninsel an, die »Hoffnungsinsel«, wie sie heißt, deren Name schon zuließ, an ein gutes Ende zu glauben.

Am 4. November 1942, kurz nach zehn Uhr, noch in der Dämmerung, saß der Kapitän Andretschenko mit dem Matrosen Jurin Majerow und dessen Frau Ludmilla, der Ärztin, der einzigen Frau an Bord, in der Kabine und nahm die Krankmeldungen entgegen.

Die dicke, fettige Luft roch nach Öl, von draußen hörte man die schlurfenden Schritte einiger Matrosen, und nebenan ratterten und stöhnten die Maschinen.

In diesem Augenblick schrillte durchdringend die Fliegersirene auf Deck. Es war klar, daß irgendwas nicht stimmte. Jedoch dachte Serje Andretschenko im ersten Augenblick eher an ein dummes Versehen eines Matrosen oder ein voreiliges Auslösen der Alarmeinrichtung, denn es schien ihm unmöglich, wo sie viele hundert Kilometer von Nordnorwegens Küste entfernt waren, daß Flugzeuge noch so weit reichen würden.

Aber er hatte mit Majerow und der Ärztin kaum die Kabine verlassen, da flackerte schon die Unruhe in allen Gängen, und alles stürzte an Deck. Das Meer, mit leichter Brise, lag leer und grau. Ein scharfes Gebrumm hub an, ein Brausen und scharfes Rumoren, das keinen Zweifel ließ, daß es sich um Flugzeuge handelte. Dann gischtete und spritzte es auch schon im Wasser, und im Nu knatterten die Bordwaffen des Schiffes und der Flugzeuge in einem höllischen Wirbel. Er wußte, seine Leute schossen schlecht. Es war nicht ihre Schuld, denn die MGs waren erst in New York eingebaut worden. Es überkam ihn dennoch der helle Zorn, als er die Leuchtspur seiner MGs sah. Unglaublich, wie die Leute schossen. Aber das beruhigte ihn, auch die Deutschen schossen schlecht, und auch die ersten Torpedos der beiden deutschen Flugzeuge trafen die »Dekabrist« nicht. Es gelang, die ersten dicken Brocken auszumanövrieren, indem er dauernd Zickzack fahren ließ.

Die »Dekabrist« geht zu den Fischen

Aber die Flugzeuge kamen noch zweimal herangebraust, sehr tief übrigens, er schätzte vierhundert Meter. Dann traf ein Torpedo, es ging wie eine gewaltige Erschütterung durch das Schiff, Steuerbordseite vorn. Es lief wie ein dumpfer, hallender Schlag durch die »Dekabrist«. Der Kapitän sah der Ärztin bleiches Gesicht und ihre vor Entsetzen weit aufgerissenen Augen. Sie stand neben ihm auf der Brücke. »Verdammt noch mal«, knirschte er durch seine Zähne, »das hat noch gefehlt!«

»Rettungsringe und Boote fertig machen!« schrie er. Die Matrosen hasteten über das Schiff.

»Ruhe!« befahl er dann mehrmals, »Befehle anhören!«

Es war merkwürdig genug, die »Dekabrist« machte noch keine Anstalten zu sinken. Dennoch war kein Zweifel, daß das Schiff sich nicht mehr lange halten konnte.

»Bodenventile öffnen!« befahl er schließlich. In solchen Fällen bestand der Befehl, das Schiff selbst zu versenken. Allein es gelang nicht, die »Dekabrist« hatte ein zähes Leben. Als die Flugzeuge endlich abgedreht hatten, begann es aufzufrischen, und er befahl, die vier Rettungsboote auszurüsten, zu bemannen und zu Wasser zu lassen, denn das Schiff würde bald sinken.

Es war keine gute Nacht, die vom 4. zum 5. November 1942. Serje Andretschenko konnte nicht sagen, wie merkwürdig und schaurig sie war. Vier Boote schaukelten in der sternklaren Nacht, gespenstisch der Dampfer dazwischen, der immer noch nicht sinken wollte. Ganz in der Ferne, mehr zu ahnen als zu sehen, die Insel Hope, die »Insel Hoffnung«. Etwas sarkastisch wurde er, wenn er daran denken mußte. Hoffnungsinsel? Gab es noch eine Hoffnung?

Nun wollten sie erst den Tag abwarten. Er hatte befohlen, daß die notwendigen Kleidungsstücke, Proviant, Waffen, Munition, Feldstecher, Seekarten und die Sextanten in die Boote verbracht wurden. Er war als letzter von Bord gegangen und hatte mit achtzehn Mann eins der Boote bestiegen. Auch Jurin Majerow mit seiner Frau, der Ärztin, und der Kommissar, dem er immer gerne aus dem Wege gegangen war, befanden sich in seinem Boot.

Es mochte die Mittagsstunde des 5. November sein, als jener grollende Flugzeugton sie wieder aufhorchen ließ. Zwei Maschinen kamen an, deutsche natürlich, zweimotorige Junkersmaschinen, Typ Ju 88.

Man sah, wie sie sich in Angriffsposition setzten und wie die Bomben kamen. Man sah es ganz genau. Sie trafen die »Dekabrist« mittschiffs. Serje Andretschenko stand in seinem Boot, sah seinen Dampfer wie ein müdes Tier, das sich niedertut, in der Mitte auseinanderbrechen und gurgelnd in die Tiefe verschwinden. Er stand und sah, als ob er in einem Bad stünde und ein Strahl kaltes Wasser stürze auf ihn herein.

Nachher war die See stürmisch geworden, und die Nacht kam. Es war wieder eine schlimme Nacht. Sie ruderten und segelten bei abflauendem Winde rings um die Insel, um eine geeignete Stelle zur Landung zu erkunden. Zwei Boote waren sie noch. Die beiden anderen wurden nie mehr gesehen. Aber auch das dritte Boot war bald spurlos verschwunden. An der Südspitze der Insel gerieten sie in Lee. Drei Tage suchten sie an der Steilküste die Möglichkeit einer Landung, bis sie sich entschlossen, das Boot durch die Brandung auf den Strand werfen zu lassen. Dies gelang am dritten Tage.

Damit begann eine Art Robinsonade auf der Hopeninsel im Eismeer, die wiederzugeben Serje Andretschenko später kaum noch gelang. Es war eins der furchtbarsten Dramen, das die Arktis je erlebte. Es begann, wie wir schon sahen, im November 1942.

Der 1. Mai 1943 wird der deutschen Flugzeugbesatzung einer He 111 unvergeßlich bleiben. Sie flog als Fernaufklärer, Wettererkundung und taktische Aufklärung, ihren üblichen Spitzbergentörn. Der Bordmechaniker hatte dem Flugzeugführer und dem Beobachter gerade einen Schluck Kaffee und ein Butterbrot gereicht, denn sie waren schon Stunden von ihrem Horst unterwegs, als sie linker Hand die Hopeninsel sahen.

Wolken fuhren heran und bauten eine graue milchige Wand vor ihnen auf. Aber dann zerriß die Wolkenwand für einen Augenblick, und nun sahen sie die Insel wieder wie eine graue längliche Wurst im Treibeis schwimmen. Plötzlich hörte man des Flugzeugführers Stimme – es war der Leutnant Rudi Schütze aus Königsberg – in der Eigenverständigung: »Seht ihr was?«

Keinem von ihnen war die Insel fremd. Eisbären hatten sie schon mal dort gesehen, auch Walrosse sollte es geben, aber nun sahen sie im Weiß des Schnees ein schwarzes Pünktchen. Der Flugzeugführer fuhr eine Biege, drückte herunter, und dann war es kein Zweifel mehr: dies da unten war ein Mensch, der winkte. Dies war ein Mensch, der gestikulierte und etwas von ihm wollte. Rätselhaft, denn niemals war hier ein Mensch gesichtet worden. Ein Schiffbrüchiger? Ein Pelztierfänger? Oder wollten hier die Russen, die Amerikaner oder die Briten eine Wetter-, Funk- oder Peilstation errichten? Gegen das letztere sprach die Art dieses Menschen, wie er heraufwinkte. Also konnte es nur einer sein, der hier in Not war.

Als der Funkspruch bei der deutschen Befehlsstelle in Norwegen eintraf, begann auch hier das Rätselraten über diesen geheimnisvollen Menschen auf dem Inseleiland, auf dem kein Baum und kein Strauch stand und auf dem ein Mensch nicht lange leben konnte. Gegen die Vermutung, daß es sich um einen Schiffbrüchigen handele, sprach die Tatsache, daß in diesem Jahr noch kein Schiff versenkt worden war, und es schien ausgeschlossen, daß dieser Mensch schon den vergangenen Winter über hier zugebracht haben konnte. Also doch irgendeine gegnerische Funk- oder Wetterstation? Aber weshalb hatte er dem Flugzeug zugewinkt, das er doch als deutsches erkannt haben mußte? Rätsel über Rätsel!

Zwei oder drei Tage später erschien das deutsche Flugzeug wieder, diesmal im Tiefstflug. Und diesmal standen, die Flieger trauten ihren Augen nicht, drei Menschen dort und winkten. Das Flugzeug kurvte tief an den Steilhängen entlang. Diesmal allerdings sahen sie eine vom Schnee verwehte Holzhütte. Die drei Menschen unten, es waren Männer, sahen, es war deutlich wahrnehmbar, mit fieberhafter Erregung zu dem großen Vogel hinauf. Aus der Maschine wurden ein paar

Brote und ein Päckchen mit Tabakwaren hinuntergeworfen. Dann verschwand das Flugzeug wieder, um am nächsten Tag erneut über die Insel hinzubrausen, wieder Lebensmittel abwerfend. Denn es konnte nun für die Flieger kein Geheimnis mehr sein, daß es sich um Schiffbrüchige handelte. Aber beim dritten oder vierten Anflug hatte sich zu den drei Männern eine vierte Person gesellt. Auch dies war nicht zu übersehen: Es war eine Frau, die in seltsamer Vermummung ihre Arme über der Brust verschränkt hielt.

Auf dieses entlegenste und verlorenste Stückchen Planet, auf diese einsame Insel im Weltmeer hatte es also ein Häuflein Menschen verschlagen, deren Dasein aufzuklären es noch keinen Schlüssel gab.

Flugzeuge warfen Lebensmittel ab

In den nächsten Wochen waren noch ein paarmal Flugzeuge über ihnen, immer solche ohne Schwimmer und ohne Räder, also, wie Serje Andretschenko später meinte, Landflugzeuge, wobei es ihm rätselhaft blieb, von wo diese Flugzeuge kamen, denn bis zum Nordkap Norwegens, dem europäischen Festland, waren es doch runde tausend Kilometer Entfernung. Nun, es war ihm nicht unbekannt, daß die Deutschen dort Flugbasen hatten. Die Unberechenbarkeit der Ereignisse regierte auch über der Hopeninsel. Eines Tages, im Juli, die Insel war nahezu schneefrei, und wenn Serje Andretschenko recht behalten hatte, war es der 25. Juli 1943 gewesen – an diesem Tage schlief der Kapitän in seiner Hütte, als ihn ein Kanonenschuß aufhorchen ließ. Er fuhr von seiner Lagerstatt auf, die Ungeduld jagte ihn. Wurden sie angegriffen? War die Rettung nahe? Er konnte nicht sagen, wie ihm war, als er etwa einen Kilometer entfernt ein U-Boot liegen sah, das ein kleines Ruderboot zu Wasser ließ und mit drei Mann auf ihn zuruderte. Es waren Deutsche, ein Offizier und zwei Mann.

Ob er mitwolle, fragte ihn der Offizier mehr durch Zeichensprache. Dies war eine merkwürdige Frage, ob er mitwolle. Monatelang hatte er nichts als den Tod vor Augen gehabt, den Tod ohne Gnade, der unsichtbar hier umherschlich. Denn nichts als Grauen, Qual und Entbehrungen hatte er in diesen Monaten hier erlebt. Hier hatten sie wie Ausgestoßene und Vergessene gelebt, vier Mann noch, die Leichname der übrigen, erfroren und ausgezehrt, hatten sie ins Meer geworfen.

Nun standen diese drei Deutschen da, alle mit bärtigen Gesichtern, und fragten, ob er mitwolle.

»Da, da, da!« sagte er hastig zum Offizier, und das hieß: ja, ja, ja, tausendmal hätte er es sagen mögen. Es war, als hätte sich ihm etwas Glühendheißes aufs Herz gelegt.

Der Offizier ließ einen Winkspruch an das U-Boot abgeben, dann kletterte Serje Andretschenko mit den drei Deutschen in das Ruderboot, und es war ihm, als er ins U-Boot stieg, wie etwas Unergründliches. Eine mißtrauisch-neugierige Veränderung überkam ihn. Denn das war es wohl: er saß in einem deutschen U-Boot.

Aber noch einmal verholte das Boot zu der nördlicher gelegenen Hütte, rief deren Bewohner, nämlich Jurin Majerow, die Ärztin und den noch überlebenden Matrosen durch Megaphon an. Diese drei ruderten nun an das U-Boot, und es entspann sich eine Unterhaltung, mehr durch Gebärden, aus denen hervorging, daß alle drei bereit waren, an Bord zu kommen und mit den Deutschen abzufahren. Aber die Enge des U-Bootes ließ es nicht zu, so sagten jedenfalls die Deutschen, auch nur noch einen Menschen an Bord zu nehmen.

Die U-Boot-Männer ließen aber Eßbares zurück und vor allem Vitamintabletten, denn besonders Jurin Majerow und seine Frau, die Ärztin, litten in hohem Grade an Skorbut.

Das U-Boot ging nun mit dem sowjetischen Kapitän in See. Serje Andretschenko fuhr mit ihm bereitwillig in die Gefangenschaft.

Er hatte viel gesehen und erlebt in seinem Leben, der Kapitän Serje Andretschenko. Vor dem Krieg war er mit der »Omsk II« im Fernen Osten gefahren zwischen Wladiwostok und dem Ochotskischen Meer, zwischen Kamtschatka, Sachalin und Japan. Nichts aber hielt dieser Verbannung auf der Hopeninsel stand.

Acht Monate in der stumpfen, fast tierhaften Verbannung

Acht Monate lang lebten sie in ihrer stumpfen, beharrlichen, fast tierhaften Verbannung, führten einen dramatischen Kampf gegen den Weißen Tod, und die Zeit war vergangen, in der sie glaubten, daß noch eine Rettung kommen würde.

Wie war das noch, als sie hier an Land geworfen wurden? Über sich die Steilküste, davor ein paar Meter Vorland. Tiefer Schnee ringsum, verharscht, hart und kantig. Von den Fjellen der Insel war der kalbende Gletscher herabgetrieben. Die Brandung, in den ersten Novembertagen noch von den Winterstürmen des Eismeeres ans Land geworfen, war gefroren. Eis bildete sich, bizarre und wilde Formen.

Wie war das noch gewesen damals?

Als die Brandung sie auf den Strand geworfen hatte, bauten sie sich aus Boot und Segeln ein behelfsmäßiges Zelt. Neunzehn Mann waren sie mit einer einzigen Frau in ihrer Mitte, der Ärztin Ludmilla Majerowa. Diese Ärztin, Spezialistin für innere Krankheiten nannte sie sich, kam zwar aus der Reihe jener revolutionären Studentinnen, die einen eigentümlichen Typ der harten und strengen Sowjetgenossinnen darstellte, die es den Männern überall gleichtun wollen; aber doch hatte sich im Laufe der Zeit auch bei ihr jenes gesunde frauliche Empfinden entwickelt, besonders nachdem sie mit dem Schiff in den großen Städten der Welt herumgekommen war.

Mit dieser Frau, deren Mann ebenfalls unter ihnen weilte, waren sie, es war nicht anders zu sagen, als Strandgut an Land geworfen worden. Nun hatte der kreatürliche Kampf begonnen gegen den Tod im ewigen Eis.

Sie bauten also ein Zelt, später eine Schneehütte. Er hatte Leute zur Erkundung längs der Steilküste entsandt. Es war eine grauenhafte Öde, die sie schreckte. Noch hatten sie freilich Gewehre und Munition, noch Konserven. Sie fanden drei Rettungsflöße, eines war an Hand der Schriftzeichen als sowjetisch, zwei andere als amerikanisch auszumachen. Keks und Konserven fanden sie in den Flößen, daneben auch, ausgezehrt von der See und zerfressen von Sturm und Wind, die Leiche eines Menschen, eines britischen Seemannes, kenntlich an der ärmellosen Lederweste, Strandgut, nichts als Strandgut, das hier die See ausgespien hatte.

In den ersten Tagen noch, als sie auf den Strand geworfen waren, war die See steif und stürmisch gewesen, aber daraus war Sturm geworden, schwerer und orkanartiger Sturm. Hohe Wellenberge waren herangekommen mit Schaum und Gischt. Hier war wirklich die Wetterküche des Planeten, wo sich alle Wetter der Welt zusammenbrauten. Die Temperaturen sanken erschreckend. Und das Erschrecken hatte Verzweiflung, später trübste Resignation bei ihnen gebracht. Bei den meisten zeigten sich Erfrierungserscheinungen.

In den ersten Tagen nach der Strandung hatten sie eine

Hütte entdeckt, gleichfalls am Fuße des Steilufers gelegen. Zwei Räume hatte sie. Es mußten die Überbleibsel einer norwegischen Pelztierfängerhütte sein. Serje Andretschenko entsann sich der Dinge, die sie vorgefunden hatten: eines Ofens, eines Klapptisches, eines Fasses mit Bärenspeck, einer Petroleumlampe, dem Rest einer Kerze.

Auf dem Klapptisch hatte eine norwegische Zeitung gelegen, Jahrgang 1939. In der Nähe der Hütte lag ein Fangkäfig aus Drahtgeflecht. Als er eines Tages nach einem wilden Schneesturm zur Schneehütte zurückkehrte, waren elf Mann tot, zusammengekauert lagen sie dort, erfroren. Wie lange würden sie selbst noch leben? Wann würden sie erfroren sein?

Jäh kam die Angst über sie. Wild wuchsen Bart und Haare. Einige redeten manchmal irre und wirre Dinge. Wollte nun auch der Wahnsinn noch kommen? Der Kapitän hatte es schon längst aufgegeben, noch so etwas Ähnliches wie Gehorsam zu verlangen. Sie lachten ihn aus. Hier ging es um das nackte Leben. Die würgende Monotonie, die ewige Nacht des Winters, die völlige Hoffnungslosigkeit, je wieder lebend von hier fortzukommen, die Gegenwart dieser einen einzigen Frau, die zwar des Matrosen Majerow Frau war und der sie hütete wie einen Augapfel – das alles schaffte eine untergründige böse Stimmung, die nicht gut war.

Es passiert was, Genosse Kapitän!

»Was quatscht ihr da herum!« schrie Majerow die Matrosen eines Tages schwer atmend an. »Ich schieße jeden über den Haufen!« Er sah sie da herumhocken und brüten in ihrer Gier und die Frau mustern, seine Frau. »Schaff Ordnung«, sagte er fordernd zu Serje Andretschenko, »oder es passiert was, Genosse Kapitän, dowolno!« Und dann redete der Kapitän ihm wieder zu.

Eines Tages, den Kapitän traf fast der Schlag, kam Majerow zum Kapitän und erzählte, daß Ludmilla, er müsse es jetzt mal sagen, ein Kind erwarte, vielleicht in vier oder fünf Monaten.

Im Winter erfroren noch drei der Überlebenden, einer starb an Lungenentzündung. Den Toten gruben sie ein Grab im Schnee, später, im Frühjahr 1943, als die Schneeschmelze einsetzte, warfen sie die freigelegten Leichen ins Meer. Denn die Eisbären hatten sich schon daran zu schaffen gemacht.

Wovon hatten sie eigentlich gelebt?

Vier Menschen waren sie im Frühjahr noch, er, der Kapitän, die Ärztin, ihr Mann und noch ein Matrose. Sie vegetierten dahin mit dem zähen Willen zum Leben. Wie ein großer Sarg war diese Insel, die sie Hoffnungsinsel nannten. Bestand noch ein Fünkchen Hoffnung? Serje Andretschenko sagte: Wartet! Wartet bis zum Sommer!

Und dann kam jener Tag, als sie bei bewegter See, halb in Nebel und Wolkenfetzen, das erste Flugzeug bemerkten. Es schnob förmlich durch die Nebelschwaden, als mache es ihm große Mühe, durchzustoßen. Aber der große Vogel bemerkte sie nicht, schreien hätten sie mögen.

Die Tage kamen und gingen, bleiern, ohne Trost, eintönig. Dann, wieder ein steifer Wind, am 1. Mai 1943 war es, die See türmte sich, kam jenes Flugzeug, das eindeutig als deutsches ausgemacht wurde. Es fuhr eine Biege. Sie winkten hinauf zu den Menschen, die in der Kabine hockten und konnten deutlich sehen, wie die Männer ihre Gesichter zu ihnen wandten und daß sie Kopfhauben trugen. Es war jenes Flugzeug, das keine Schwimmer und kein Fahrwerk hatte, wie Serje Andretschenko sagte, jene He 111, von der erzählt wurde.

Noch einmal fuhr das Flugzeug eine Biege, dicht an der Steilküste flog es über ihre Köpfe hinweg, dann wurde etwas hinausgeworfen, das auf den Schnee niederfiel: Brot und Zigaretten. Sie winkten hinauf. An diesem Tage bemerkten sie, als sie in das Brot bissen, daß Ludmilla Majerowa und ihr Mann stark an Skorbut litten.

Der Sommer 1943 kam und jener Tag, wo der Kanonenschuß Serje Andretschenko aus dem Schlaf riß.

Als er, der Kapitän, in dem norwegischen Hafen Tromsö an Land ging – das U-Boot hatte längsseits an einem deutschen Kriegsschiff verholt –, brannten ihm die Augen, er fühlte schmerzhaft die zundertrockene Haut. Zitterte er nicht? Kam er nicht geradewegs aus der Hölle? War er nicht dem Tod ohne Gnade entronnen? Er fühlte die Gelenke seiner Finger schmerzen. Aber war er nicht auch Kriegsgefangener?

Irgend etwas Versteinertes schien sich doch zu lösen. Jagte das Blut nicht dumpf im Halse? Fühlte er nicht, daß das Leben langsam, langsam wieder zu kreisen begann? Es strömte und rauschte in seinen Schläfen. Er lebte!

Am 3. Oktober 1943 flog wieder ein deutsches Flugzeug, diesmal eine Ju 88, unter der Steilküste der Hopeninsel. Herbststürme tobten über dem Eismeer, und der Beobachter notierte Windstärke 10. Das Flugzeug trieb wie jene sprichwörtliche Nußschale im Meer des Nebels, der Regenböen und der Fallwinde, die sich an der Steilküste der Hopeninsel fingen. Vier Männer saßen in der engen Kanzel der deutschen Maschine. Schweigsam waren sie. Stunde um Stunde waren sie schon unterwegs, und noch Stunden brauchten sie, bis sie wieder zurück waren. Dann, an der Ostküste der Hopeninsel, krächzte plötzlich die Stimme des Beobachters in der Kopfhaube: »Da!«

Dort stand im Schnee jene Hütte, die das Schicksal der Überlebenden des sowjetischen Dampfers »Dekabrist« hütete. Zwei Männer standen vor der Hütte und winkten herauf. »Es sind ja nur zwei!« erklang die Stimme in der Eigenverständigung. »Ich denke, es sind drei?« Der, der dies sagte, war ich selbst, der Kriegsberichter. Die hier veröffentlichten Aufnahmen machte ich aus der Kanzel der Ju 88.

»Die Frau«, entgegnete der Flugzeugführer, der Oberfeldwebel Bödecker, lapidar, und er riß am Knüppel, damit die Maschine aus dem Sog kam, »die Frau wird wahrscheinlich schon tot sein«.

Der Bericht mag klingen wie eine gut erfundene Geschichte. Allein, es ist eine wahre Begebenheit. Gesagt werden muß, daß auch die übrigen Überlebenden im gleichen Monat noch von einem U-Boot abgeholt wurden. Auch die Ärztin lebte noch. Das Kind hatte die Arktis nicht überstanden.

(Die Erzählung beruht auf den Vernehmungsprotokollen des deutschen Abwehroffiziers in Tromsö, die mir als Kriegsberichte zur Verfügung gestellt wurden. Die sowjetischen Namen sind erfunden; die richtigen Namen durften im Kriege nicht veröffentlicht werden. Mein Bericht wurde damals aus militärischen Gründen gesperrt.)

Aus: Frankfurter Allgemeine Zeitung vom 3. 8. 1951

Im Eismeer umgekommen

Oslo, 2. August (dpa). Die Osloer Zeitung »Dagbladet« berichtet, daß Angehörige einer Wetterstation auf Hopen in der Nähe der Bäreninsel Leichenreste mehrerer Menschen entdeckt haben. Sie fanden Teile von Uniformen, Geldtaschen und am Strand ein großes, kaum beschädigtes Rettungsboot mit dem Namen »Dekabrist«, dazu einige Rettungswesten mit derselben Bezeichnung. Die Uniformteile deuteten auf sowjetische Herkunft, während Zigarettenpackungen und Feuerzeuge amerikanischen Ursprungs waren. Die Geldbörsen enthielten jedoch wieder russisches Geld.

Es ist nicht mehr möglich, genau festzustellen, wie viele Menschen sich an Land retten konnten und später auf Hopen umkamen, da inzwischen Eisbären die Inseln heimgesucht hatten und die menschlichen Knochenreste weit verstreut umherlagen. Die Schiffbrüchigen müssen durch Hunger oder Kälte umgekommen sein. Wie lange sie noch auf Hopen lebten, ist nicht mehr auszumachen. Doch wurden Reste einer Feuerstelle entdeckt.

Während des Zweiten Weltkrieges benutzten die alliierten Geleitzüge nach Murmansk stets die nördliche Route, die zwischen der Bäreninsel und Spitzbergen verlief. Dort wurden mehrfach Transportschiffe von deutschen U-Booten versenkt. Es ist deshalb anzunehmen, daß sich Angehörige eines versenkten sowjetischen Dampfers auf die Insel Hopen retten konnten, dort aber ein furchtbares Ende fanden.

Aus: Rohwer/Hümmelchen »Chronik des Seekrieges«

19. 8. – 10. 9. 1941

Brit. Operationen im Nordmeer. Am 19. 8. läuft Force K (KAdm. Vian) mit den Kreuzern *Nigeria* und *Aurora,* den Zerstörern *Icarus, Antelope* und *Anthony* und dem Truppentransporter *Empress of Canada* von Scapa Flow nach Spitzbergen aus, um die dortigen norweg. und sowj. Kolonien zu evakuieren und die Anlagen zu zerstören. *Nigeria* und *Empress of Canada* transportieren die russ. Kolonie nach Archangelsk und vereinigen sich am 1. 9. wieder mit der *Aurora* vor Barentsburg. Zusammen mit 3 von Norwegen kommenden Kohlendampfern, 1 Eisbrecher, 1 Whaler, 1 Schlepper und 2 Fangbooten läuft der Verband am 3. 9. nach England aus.

Aus: Rohwer/Hümmelchen »Chronik des Seekrieges«

6. 9.–9. 9. 1943

Unternehmen »Sizilien« (auch »Zitronella«): Dt. Kampfgruppe (Adm. Kummetz) mit den Schlachtschiffen *Tirpitz* (Kpt. z. S. Meyer) und *Scharnhorst* (Kpt. z. S. Hüffmeier) sowie die Zerstörer-Flotillen 4 (Kpt. z. S. Johannesson), 5 (Kpt. z. S. Wolff) und 6 (Kpt. z. S. Kothe) mit *Z 27*, *Z 29*, *Z 30*, *Z 31*, *Z 33*, *Erich Steinbrinck*, *Karl Galster*, *Theodor Riedel* und *Hans Lody* geht am Abend des 6. 9. vom Altafjord aus in See, um alliierte Stützpunkte auf Spitzbergen anzugreifen. Auf den Zerstörern ist ein Bataillon des Grenadier-Regiments 349 eingeschifft. 8. 9.: 03.00 Uhr entläßt Adm. Kummetz *Scharnhorst* und die 5. und 6. Z-Flotille, die anschließend im Grönfjord und in der Adventsbucht ihre Truppen an Land setzen. *Tirpitz* läuft mit der 4. Z-Flotille zur Beschießung von Barentsburg weiter. Küstenbatterien vernichtet, Kohlen- und Vorratslager, Wasser- und E-Werke gesprengt. 9. 9.: Rückkehr in den Altafjord.

Am 19. 10. landet der US-Kreuzer *Tuscaloosa* mit 1 US- und 3 brit. Zerstörern norweg. Truppen in Spitzbergen zur Wiedererrichtung der Basen.

Trips nach Spitzbergen

Flug im Mai

Wir fliegen über die zeitlose Gebirgslandschaft und suchen das Meer.

Merkmal kriegerischen Geschehens über dieser nahezu vegetationslosen Bergwelt ist nur unser Flugzeug, vom Wind, der vom Meer kommt, manchmal geschüttelt und von Böen zuweilen gepackt, daß die Flächen leicht vibrieren. Wie ein Bahrtuch hängt eine geschlossene Wolkendecke über uns.

Plötzlich überfällt uns ein Regen- und Graupelschauer, es trommelt auf der Kanzelverglasung wie fremde atonale Musik. Die mächtigen und fleischigen Fäuste des Oberfeldwebels hängen sich an den Steuerknüppel, und man bemerkt deutlich, wie die Maschine auf Höhe geht. Wir ziehen durch die Wolken, und dann sind wir plötzlich, es ist immer wie das große Staunen, über dem Wolkenmeer in der gleißenden Sonne.

Es ist gegen drei Uhr morgens.

Wenig später tun sich Wolkenlöcher auf und drunten wabert still und gleichmäßig der Wellenschlag des Polarmeeres.

Das Licht auf dem Meer ist hell, die Farben hart. Und doch scheint trotz des hellen Lichtes das Wasser tiefdunkel, nicht grün, nicht schwarz, nicht blau, nicht grau, mehr schwerfälliger Lack, der sich ständig in einem ewigen Rhythmus bewegt.

Die Öde läßt jeden in sich selbst zusammenschrecken. Alle sind sehr still. Manchmal nennt der Beobachter, der ein Kartenbrett vor sich auf den Knien liegen hat, ein paar Zahlen in der Eigenverständigung zum Funker hinüber, die der jedesmal langsam und betont wiederholt.

Die Küste der Bäreninsel, steil ins Meer fallend, wird von Vogelschwärmen, wahren Armeen von gefiederten Tieren, bewohnt. Wie Wolken stieben sie auf, als sich unser großer Vogel mit einer Kurve nähert, und man würde sicher die erschreckten Chöre ihrer Stimmen vernehmen, wenn das Brüllen der Motoren nicht wäre. Die 178 Quadratkilometer große Insel, auf der uns eine verlassene norwegische Funkstation aus der Zeit vor dem Kriege zu Gesicht kommt, ist ein einziges vulkanisches Gestein ohne Vegetation.

Unser zyklopischer Vogel schießt dahin, manchmal tief über der See, manchmal höher und einmal sechstausend Meter hoch.

Als die Eisgrenze herankam, zuerst Treibeis, dann »Pfannkucheneis«, rundliche Schollen mit aufgebogenen Rändern, am Südkap Spitzbergens sogar Packeis, waren wir schon mehrere Stunden unterwegs. In unserer Vorstellung von Spitzbergen wird manches zurechtgerückt. Schon nahezu zweihundert Kilometer vor Erreichen des Südkaps sahen wir, begünstigt von klarem Himmel und prächtiger Sonne, das Land aufsteigen. Dicht vor der Küste ein auf Strand gesetzter amerikanischer Handelsdampfer, Überbleibsel einer der nach Murmansk gehenden Geleitzüge.

Jeder, der Spitzbergen sieht – das Bild freilich verdankte seine Farbigkeit und Lebendigkeit der makellosen Sonne dieses Morgens –, meint ein Gemälde farbigster, bizarrster, groteskester Art zu erleben. Großartiger, wilder, verworrener und phantastischer hat man selten ein Bild gesehen.

Schneeberge waren es, kalbende Gletscher, jähe und enge Schluchten und Schründe, aber von einer wunderbaren Plastik. Stormbucht, Hohenlohefjord, Hornsund, Dunderbucht, Glockensund, Ingeborgfjord, schließlich Kap Linné und der berühmte und große Eisfjord mit Barentsburg und der Adventsbucht tauchen auf. Auch alte zerstörte Wetter- und Funkstationen werden überflogen.

Die Vergletscherung des Landes ist nahezu vollkommen. Nur die Westküste Spitzbergens, die vom warmen Golfstrom bespült wird, ist zeitweise eisfrei, in die sich die aus dem Inneren der Insel von den Firnen und Fjellen herabgleitenden Gletscherzungen hineinschieben. Wie Fächer breiten sie sich auf dem flachen Vorland aus.

Hier steht das Phänomen des ersten Schöpfungstages vor uns. Beim Anblick dieser ganz und gar fernen und fremden Welt erfüllt einen, auch wenn man einen militärischen Auftrag zu erfüllen hat, eine erregende Abenteuerlust.

Der Krieg hat sich in Breiten verlagert und ausgedehnt, die etwas Gewaltiges verspüren lassen. Bis zum 30. Längengrad ostwärts von Spitzbergen ging der Flug. Als wir auf Heimatkurs abdrehten, kam uns so recht zum Bewußtsein, wie gewaltig sich alle überkommenen Maßstäbe verschoben haben.

Flug im November

»Es ist doch recht sonderbar, hier über dem Polarmeer zu schweben«, schrieb in der Nacht zum 13. Juli 1897 der

Schwede S. A. Andrée in sein Tagebuch, das später gefunden wurde (er ist mit seinen beiden Kameraden auf Spitzbergen erfroren). »Wir sind nun die ersten, die hier im Ballon umherfliegen. Wann es uns wohl jemand nachtun wird? Werden uns die Menschen für verrückt halten oder unserem Beispiel folgen? Ich kann nicht leugnen, daß uns alle drei ein Gefühl des Stolzes beherrscht. Wir finden, daß wir getrost sterben können, nachdem wir das gesehen haben.«

Keine fünfzig Jahre nach Andrées Flügen mit seinem Ballon sind fast Tag für Tag deutsche oder sowjetische Fernaufklärungsflugzeuge über Spitzbergen, über »Svalbard«, wo man, wie ein alter Geograph schrieb, »nichts darauf sihet als spitzige Berge von Eiss. Es wohnen keine Menschen auf dieser Insul, und es stehen auch keine Bäume darauf wegen der großen Kälte«. Dabei ist der Winter in Spitzbergen weit weniger kalt als in Ostsibirien: die Mittelwerte des kältesten Monats, das ist der Januar, liegen zwischen -12° und -20° Celsius. Extreme unter -35° sind sehr selten und solche unter -40° kaum je gemessen worden. Später, etwa von 1920 bis 1960, hat die berühmte Klimaverbesserung des altweltlichen Polargebietes gedauert, in der die mittleren Eisgrenzen rund dreihundert Kilometer nordwärts zurückwichen.

Heute, an einem sturmbewegten Novembertag 1943, braust die deutsche Ju 88 über Eismeer und Spitzbergen. Die Sonne kommt schon nicht mehr über den Horizont. Die Polarnacht wird nicht mehr lange auf sich warten lassen. Dämmerung, die schon bald in völliges Dunkel übergeht, liegt über dem Land. Nichts mehr von der Klarheit und der Plastik der sommerlichen Berge. In der Nacht war es, als der Stiem an der Baracke riß, als ob die Brandung des Meeres in schweren Stößen gegen die Felsenküste schlüge. Noch in der morgendlichen Dunkelheit schritt die Besatzung zum Start. Wie ein elegantes, rassiges Tier stand die Ju 88.

»Ein krimineller Start wird das!« Mehr sagte der Flugzeugführer, der Oberfeldwebel Peter Lohmanns, nicht. Er kannte das bei diesem Sturm. Der Sturm, vom Meer kommend, war wild über die schneevermummten Berge Nordnorwegens gefallen. Voll erregender Unrast war alles. Aber der Start gelang. Mit wehenden Schößen flog der Tod einige Minuten lang dicht neben der Maschine. Aber sie drang doch durch Nebelbrei, Schneeschauer und nächtliche Dunkelheit.

Die Sterne wichen dem spärlich aufkommenden Licht. Und doch blieb der Tag vom gedämpften Grau der Polarnacht erfüllt. Unter uns das menschenfeindliche Meer – das Nordkap lag längst hinter uns –, über uns, kalt und mitleidlos, der unversöhnliche Äther. Nur Meer und Meer! Einmal die Häreninsel. Dann, später, die »spitzigen Berge von Eis«: Spitzbergen, ein riesiger Archipel.

Nach vier Stunden Flug sagte der Flugzeugführer sein erstes Wort. So sparsam sind sie mit Worten geworden. Er sagte: »Mist«. Dann war er wieder stumm, horchte auf den Klang der beiden Motoren. Ob – ja, das war wichtig, denn es war das Leben –, ob nicht einer der Motoren womöglich zu meckern begann, ob die Pumpen den richtigen Druck hatten, die Instrumente die richtigen Zahlen anzeigten.

Der »Mist« war jene Wolkenbank, die sich um die Bergspitzen gelegt hatte und die Gletscher einhüllte. Tiefflug durch den Eisfjord. Rechts Barentsburg. Die Gletscher, kühn und einsam, rasten auf uns zu. Denn nicht wir, sie flogen. Ein Kulturfilm jagte vorbei, dessen Überschrift hieß: Welt des großen, weißen Schweigens. Es ist keine weltanschauliche Deutung, wenn man sagt, dreißig Kilometer von der »bolschewistischen« liegt eine »faschistische« Wetterstation auf Spitzbergen, jede mit zwei Männern besetzt.

»Sehen Sie dort die Moränen«, sprach einer, »dort war vor

fünfzig Jahren das Lager Fridtjof Nansens. Dort überwinterte Amundsen!« Die Großartigkeit einer solchen landschaftlichen Erscheinung kann nur der Flieger erleben. Auch hierin ist also dieser Krieg vorgedrungen. Mußten wir nicht einen Augenblick innehalten? Aber die Ju 88 raste über das Gebirge, das von einer Kraft geformt zu sein scheint, die aus Tiefen kommt, wo nur das Feuer der Schöpfung glühen kann.

Die Maschine sank hinunter, denn in einem eisfreien Fjord schwamm ein grünlicher Klumpen, der vielleicht ein U-Boot sein konnte. Er enthüllte sich als Eisberg. Wieder zog der Flugzeugführer, der schweigsame, am Knüppel. Ich sah im Profil sein Vogelgesicht unter der Kopfhaube. Die Augen klebten an den Bergen, die auf uns zurannten, gespannt, schätzend, wägend. Die Maschine schüttelte sich in Böen. Kälte zog in die Kanzel. Wieder weitgeschwungene Täler. Im Tiefflug jagte der große Vogel hinein. Lohmanns sagte zu mir: »He, Kriegsberichter, halten Sie mal drauf, wir müssen die Waffe einschießen.« Ich wollte kein Spielverderber sein. Ich schoß. Zwei Feuerstöße und – Fahrkarte. Hunderte von Rentieren standen dort wie Denkmalsfiguren auf Postamenten. Das Flugzeug, zehn Meter hoch über sie rasend, störte sie nicht.

Ein leiser Spott blühte plötzlich in der Ohrmuschel der Kopfhaube. War das der Schweigsame gewesen? Die Stimme sagte: »Ich möchte mal wieder Rentierbraten!« Sonst nichts. Beim Rentierbraten blieb es.

Man merkte die Spannung, in die uns der Flug gesetzt hatte. Denn die Böigkeit war scheußlich. Vier Mann saßen im Schweigen in die enge Kanzel gepfercht, und jeder grübelte, es war offenkundig, wie es würde, wenn man hier notlanden oder auf dem Meer wassern müßte, wenn irgendeine Pumpe aussetzte oder die Vereisung an Latten, Flächen und Leitwerken plötzlich die Maschine hinwerfen würde.

Das Meer war wieder da. Über dem Wasser fliegt es sich besser. Ohne daß man sagen konnte warum, hat das Meer, so gierig und fragwürdig es hinaufblickt, etwas Tröstliches an sich. Es ist imponierend, wie sich ein Flugzeug in knapp vier Stunden nun wieder zum europäischen Festland zurückfindet. Man kommt nicht darum herum, an den Schweden zu erinnern, der vor noch nicht ganz fünfzig Jahren die Frage stellte, wann es ihm wohl jemand nachtun würde, hier zu fliegen. Es ist heute etwas Alltägliches.

Wir sind wieder über der Küste Nordnorwegens. Dämmerung schleift einen häßlichen Mantel über die Berge und macht sie unsichtbar. Ein Schneeschauer wischt gegen die Maschine. Auf dem Glas werden scharfe Diagonalen gezeichnet. Ich sehe wieder das Profil des Vogelgesichts, das unablässig auf den Höhenmesser stiert. Nur nicht noch im letzten Augenblick gegen die Berge knallen.

Als wir nach einer halben Stunde landeten, sagte der Schweigsame, noch am Knüppel sitzend, als das Flugzeug schon eingerollt war, seinen fünften Satz seit dem Start. Lapidar und sachlich sagte er wieder: »Kriminell!« Das war alles, was er zu sagen hatte. Dann nahm er die Kopfhaube herunter, die einen breiten, blutunterlaufenen Bogen auf die Stirn gezeichnet hatte, und man sah deutlich, daß er eine ganze Weile die Augen schloß und den Kopf hintenüberlehnte. Beim Chef machte er Meldung: »Keine besonderen Vorkommnisse.«

Aber auf Spitzbergen hatte es im Kriege schon besondere Vorkommnisse gegeben, nämlich: Am 25. August 1941 war eine britische Flottenarmada in den Eisfjord eingelaufen; von dem zum Truppentransporter umgebauten Passagierschiff »Empress of Canada« ging in Longyearbyen eine Einheit an Land, zerstörte die Luftseilbahn für die Kohlentransporte, setzte 300 000 Tonnen geförderte Steinkohle in Brand – übrigens, wie man später nachlesen konnte, unter dem Protest der Norweger – und evakuierten dann die Sowjetrussen nach Archangelsk, die Norweger nach Schottland. Am 3. September war diese Aktion abgeschlossen.

Jedoch war schon einige Tage vor dem britischen Raid-Unternehmen eine deutsche Aufklärermaschine He 111 auf Spitzbergen mit einem waghalsigen Unternehmen auf einem Hochplateau oberhalb von Longyearbyen gelandet. Sie wurde geflogen von Oberleutnant Rudi Schütze, einem Kunstflieger aus Königsberg. Zu der Besatzung gehörte der Leutnant Peter Bohlscheid, ein Kriegsberichter. Das ganze Unternehmen war in seiner Szenenfolge wie ein großartig hergerichteter, breit ausgesponnener Kriegsfilm. Schütze ließ seine Besatzung zurück, drei Mann, und holte sie nach vier Tagen wieder ab, nachdem sie das britische Unternehmen beobachtet hatte. Landung und erneuter Start waren kriminell, aber Schütze war bis zu seinem Tode 1944 ein besessener Flieger. Er hatte mindestens ein halbes Dutzend Landungen auf Spitzbergen, der Bäreninsel und der Hopeninsel gewagt. Das Fliegerleben des Staffelkapitäns Schütze in der Arktis mit seinen Schreckensepisoden war ein Monumentalwerk. Sein Fliegertod war so dramatisch wie sein Leben: Südlich des Nordkaps knallte er gegen einen Berg; man brauchte viele Tage, ihn zu finden. Er ist verbrannt.

Die Kriegsberichter nannten das deutsche Unternehmen am 8. September 1943 einen kühnen Handstreich, als ein deutsches Grenadierbataillon gegen die 120köpfige norwegische Besatzung, die über drei kleine Geschütze verfügte, an den verschiedensten Stellen des Eisfjordes an Land ging. Die Norweger hatten acht Tote. Das Thema Krieg war grundiert: Alle Siedlungen am Eisfjord wurden niedergebrannt, die Gruben zerstört. Was freilich nicht hieß, Spitzbergen sei nun menschenleer gewesen.

Der Zweihundertste

Nun war auch das geschafft: Vorgestern, an einem Sonntag, war er seinen zweihundertsten Einsatz in die Arktis geflogen: Spitzbergen. Wenn er ehrlich sein wollte: es kam ihm gar nicht so recht zum Bewußtsein. Man hatte ihm gratuliert. Der Chef hatte ihm die Hand gedrückt. Auch eine Flasche Schampus war fällig gewesen.

Das Fliegerleben im hohen Norden, diese Erkenntnis hatte der Oberfeldwebel und Flugzeugführer Peter Lohmanns längst gewonnen, bewegte sich auf einer dreifachen Ebene, die Himmel, Hölle und Fegefeuer gleichzeitig war. Aber heute stand sein Fliegerleben, das doch ganz normal war und sich nicht von dem seiner Kameraden unterschied, in der Vielfalt seines Erlebens, im Reichtum all seiner Gefahren vor ihm. Wunderbares Leben des Fliegers, das nun in zweihundert Feindflügen erhärtet war!

Es war sein Himmel gewesen, in dem er zum ersten Male die Herrlichkeiten dieser Welt, die Wunder der Arktis, gesehen und erlebt hatte.

Es war seine Hölle, in der er lernte, daß das menschliche

Leben doch immer an einem seidenen Faden hing und daß man den Tod vom Leben des Fliegers nicht trennen kann. Und es war auch sein Fegefeuer, das ihn gebrannt hatte. Der Tod hatte oft im Anschlag gesessen, nicht so sehr durch den feindlichen Jäger oder die feindliche Flakgranate. Tod verhieß hier in den Bezirken der Arktis immer die Natur, Tod verhießen Sturm, Eismeer, Vereisung und Motorenausfall. Denn bedeutete nicht jeder Flug einen Vorstoß ins Ungewisse und Unheimliche? Langsam nur sammelte sich das Bewußtsein vor der erstarrten Tatsache: zweihundert Flüge! Zweihundert Flüge über den Nordatlantik und das Nordmeer gen Island, Grönland, Jan Mayen, Spitzbergen und Nowaja Semlja!

Er war geflogen wie ungezählte andere Namenlose, von denen der Krieg Gehorsam forderte. Der Gedanke daran weitete sich an das Opfer, das man von ihnen allen fordern konnte. Er war geflogen, ohne daß man ihm die Worte Mut und Tapferkeit anzuhängen brauchte. (Die Symbole der Tapferkeit, die Eisernen Kreuze und das Deutsche Kreuz in Gold, trug er auf seinem Rock.) Er fliegt, was zu fliegen ist. Für ihn galt wie für alle anderen das Gesetz der unbewußten Leistung. Törichte mochten meinen, dies gelte nicht als Mut und Tapferkeit. Törichte mochten meinen, die unbewußte Leistung sei kein Mut und keine Tapferkeit in jenem Sinne, wie sie Nietzsche ausgedrückt hatte. Aber der Oberfeldwebel kannte Nietzsche nicht. Glaubt mir – so ungefähr hatte der wohl irgendwo gesagt –, das Geheimnis, die große Fruchtbarkeit und den größten Genuß vom Dasein einzuernten, heißt: gefährlich leben! Der Kriegsberichter, der mehrmals mit ihm geflogen war, hatte so geschwollen geschrieben. Solche Sprüche waren ihm eine Spur zu massiv.

Und dies war es, was über ihrem Fliegerleben stand: ge-

Die Gletscherwelt von Spitzbergen, aus der He 111 aufgenommen. *(Foto: Henkels)*

Ein JU 87-Verband (Stuka), der Murmansk anfliegt, 1942. *(Foto: Archiv des Autors)*

Eine Messerschmitt 110-Zerstörerstaffel des Hauptmanns Treppe. *(Foto: Henkels)*

fährlich leben. Gerade für sie, die Aufklärer, die Tag für Tag starten mußten, auch wenn alles »im Dreck« hing, wenn sich alle bösen Elemente der Natur gegen die Fliegerei verschworen hatten, wenn Jäger und Kampfflieger, die Zerstörer und Stukateure zu Hause blieben – für sie galt, was wir sagten: das Gesetz der unbewußten Leistung.

Sie führten, ohne daß sie es selbst kaum noch wußten, einen schlimmen Kampf mit den Urelementen der polaren Zonen, in denen die Stürme tobten, und unaufhörlich das Meer brandete. Etwas hatte diese Arktis an sich, als ob dort wirklich die Dämonen hausten, an die die Fischer bis heute glauben. Wolken und Nebel und Meer waren es, die der Welt zwischen dem nördlichen Polarkreis und dem 80. Breitengrad den Eindruck der Düsternis und der Gefahr geben.

Natürlich war ihm der Angstschweiß auf die Stirn getreten, als sechshundert Kilometer vom Festland entfernt bei einem Seitenwind von achtzig Stundenkilometern ein Motor ausfiel. Natürlich war das ein Kampf auf Leben und Tod gewesen, als er sechshundert Kilometer weit mit beiden Beinen, mit all seinen Kräften auf einem Pedal des Seitenruders stehen und der Beobachter, in der Kanzel liegend, mit aller Gewalt Hilfestellung leisten mußte. Es war nicht das einzige Mal, daß es auf Leben und Tod gegangen war. War nicht bei seinem Staffelkapitän eine Wildente gegen das Plexiglas der Kanzel geflogen, hatte das Glas durchschlagen und war als blutiger Matsch auf dem Funkgerät hängengeblieben? Vierhundert Kilometer auf offener See hatte der Kapitän die Motoren auf ein Minimum drücken müssen. Man darf bezweifeln, daß die Ente Sabotage am Großdeutschen Reich betreiben wollte.

Gestern war der Oberfeldwebel Lohmanns mit dem Chefwagen in ein Erholungsheim irgendwo in den norwegischen Bergen gefahren worden. Er sollte mal ausspannen, hatte ihm der Chef gesagt, er könne es vertragen. Er sei ein bißchen abgeflogen.

Er sah das entlaubte Gewirr der Bäume und drüben das Land und den Fjord, dessen perlmuttern schimmernde Atmosphäre wie von einem herben Duft überzogen schien. Hinter dem Fjord lag das Meer, *ihr* Meer, das die Unendlichkeit der fernen Bezirke ahnen ließ und das ihr aller Himmel und Hölle, das ihr aller Fegefeuer im wahrsten Sinne des Wortes geworden war. Still und beharrlich rückte es in sein Bewußtsein. Nun sah er draußen, mit Kurs zum Meer, ein Flugzeug dahinziehen, allein und einsam, eine Maschine seiner Staffel.

Zweihundertmal war er so geflogen.
Wie?
So seien tausend andere auch geflogen?
Ja, so waren tausend andere auch geflogen!
Besonderes war es nicht.
War es nichts Besonderes?

Lassen wir uns daran genügen: Himmel, Hölle und Fegefeuer lagen hinter dem Oberfeldwebel. Er hat den Krieg überstanden.

Stundenbuch eines Wetterfluges

8 Uhr

Ein Stiem springt vom Fjord über das Rollfeld in Banak. Es nieselt und fieselt. Dieser von launenhaften Stürmen und Winden durchtriebene Novembertag ist wieder voller Gefahren. Wir müssen erst aus dem Fjord sein. Der Wetterdienstinspektor hängt die Nase in den Wind. Er kennt das. Spitzenböen von siebzig Stundenkilometern verflucht er. Quer zur Startbahn stehen sie. Die Maschine steht unruhig wie ein sprungbereites Tier.

Wer, leicht zugetan den sinnfälligen Reizen, die Berge rundum sieht, denkt an eine schöne Winterlandschaft. Aber die Berge, vom ersten farbigen Schein des Frührots leicht angehaucht, stehen stumm, verloren, verspielt. Die Männer in den schwarzen Overalls bringen die Fallschirme in die Maschine.

Jetzt hängt auch der Hauptmann seine Nase in den Stiem. »Glauben Sie, wir kommen raus?« Es ist eine unentwirrbare Masse von Schnee, Regen, Nebel, die über dem Fjord hängt, zerflatternd, verwehend.

Um 8.04 Uhr rennt die Maschine über die Startbahn. Rennt, kommt ab, berührt noch einmal den Boden. Wir fliegen. Der Hauptmann, der neue Staffelkapitän, sei ein »Uhrmacher«, spotten die Flieger; niemand drängt sich, zu seiner Besatzung zu kommen.

Man kann das Gesicht des Hauptmanns, der an der Steuersäule hängt, genau sehen. Es ist voller Spannung. Ein grandioses Bild eigentlich, wie ein Mensch bei diesem erregenden, abenteuerlichen Start den Vogel meistert. Die Spannung auf allen Gesichtern ist groß. Man spürt, wie man den Atem anhält. Der Bordmechaniker stiert sekundenlang auf die Armaturen. Wir sind in Fallwinden, in Böen, verdammt!

Unter uns der Fjord, dunkel, böse, voller Tücke! Dann die unentwirrbare Masse von Schnee, Regen und Nebel. Wie die Flächen leise vibrieren! Die Bergspitzen Nordeuropas unter uns!

Das unausschöpfliche Panorama dieser Bergwelt, der hier versammelten Riesen, ist bedrückend, einmalig, bezwingend. In den Akkord des Sichtbaren mischt sich das Dunkle der unsichtbaren Gefahr. Nirgendwo ist das Fliegen gefährlicher als hier.

9 Uhr

Zu denken, daß sie diesen Törn über den Nordatlantik, diesen Törn ins Ungewisse, jeden Tag fliegen! Das grämliche Wetter darf sie nicht stören. Die Führung muß Bescheid wissen, wie das Wetter wird.

Die Welt ist schön, mein Gott, ja. Und das Staunen über ihre Schönheit aus einer Flugzeugkanzel ist immer wieder groß. Denn über diesem Wolkenmeer, das Schnee- und Regenschauer birgt, wölbt sich, sonntagsfeierlich und oben mit ein paar zarten Rosenwölkchen beflockt, der Himmel. Manche denken, der liebe Gott sei von hier nicht mehr weit. Man besinnt sich erst wieder auf die Gefahr, wenn das Meer durch die Wolkenlöcher sichtbar wird.

Dann sehen wir, tiefergehend, zwei Lebewesen eilig übers Meer schießen. Der Inspektor sagt: »Tümmler!«

10 Uhr

Meer, Meer, Meer! Und Wolken! Die Wolken sind durchfeuert von einigen Sonnenstrahlen. Die oberen Ränder der Wolken kleiden sich resedenfarben, grünlich und zart rötlich. Die Strahlen der Sonne tanzen. Aber das Meer giert förmlich nach der einsamen, winzigen, lächerlich winzigen Maschine.

Der Meteorologe mißt den Bodendruck. Er drückt das in Zahlen und Buchstaben auf seinem Kartenbrett aus. Wir sind vielleicht sechshundert Kilometer vom Land entfernt.

11 Uhr

Wir tragen Fallschirme und Schwimmwesten. Wer würde hier, gerieten wir in Seenot, einen finden? Das Nordmeer ist eine schlimme Widersacherin, es ist der absolut und gnadenlose schlechte und böse Feind. Dieses Meer gäbe keinen mehr her. Dieses Nordmeer ist in der Fliegerei etwas Besonderes, etwas Einmaliges, selbst für einen, der ein Künstler im Blindflug und in der Navigation ist. Beschrieben ist hundertfach, welche Gefahren überall lauern. Ausgesagt sind von vielen, die hier geflogen sind, die dramatischen Augenblicke und Situationen, denen sie gegenübergestanden haben.

Wir sehen in jedes einen Gesicht die mächtige Spannung, beim Hauptmann, dem »Uhrmacher«, beim Inspektor und beim Oberfeldwebel, dem Bordmechaniker. Um elf Uhr fragt der, wer einen Schluck Kaffee möchte.

12 Uhr

Der Umkehrpunkt liegt hinter uns. Irgendwo im Nordatlantik, fast eineinhalbtausend Kilometer vom Festland entfernt, liegt er im Planquadrat XY nahe an der Küste Grönlands. Jetzt sind wir zum »Temp« aufgestiegen, zur Messung des Temperaturgefälles. Höher und höher geht es. In viertausend Meter Höhe setzen wir die Atemmaske auf. Sauerstoff geht süßlich in die Lungen. In sechstausend Meter zieht es eisig und schneidend durch die Ritzen der Kanzel. 41 Grad unter Null! Es ist wahr, diese Wetterflieger sind dem Nordpol am nächsten. Der Pol ist der Nachbar der mitteleuropäischen Zonen und von ihm kommen die Polarluftvorstöße, die Wetter polaren Ursprungs. Im Winter bringen sie in Europa scharfe Kälte, wenn sie vom Osten, und schweren Schnee, wenn sie aus Nordwest, aus der Island-Ecke kommen.

Der Oberfeldwebel hat die Heizung angestellt. Die Luft ist dünn und durchsichtig, das Sonnenlicht hell und grell, weniger golden. Im Hintergrunde ragen Wolkengebirge, in verschiedenen Farben seltsam stark das Sonnenlicht reflektierend. Aus der Farbenimpression springt Violett besonders stark hervor. Es ist wenig zu sehen, aber dieses Wenige ist doch viel. Mit Titanen und Göttern möchte man diese Welt bevölkern. Grotten und Höhlen wachsen aus den Wolkengebilden, deren Wildheit überwältigt. Wer das beschreiben kann! Heimliche Glorie müßte man an manchen Flug verschwenden, wenn, ja, wenn...

13 Uhr

...wenn der Wintersturm nicht jetzt über das Meer fauchte. Keine Plastik und Klarheit der Wolken mehr! Mit breiten Bahnen und hellen Kringeln zeigt der Stiem die Windstärke über dem Meer: 10!

In fünftausend Meter Höhe überfiel einen noch das Gefühl der Einsamkeit, eine wunderbar gespannte Einsamkeit und Verlassenheit, und es mischte sich schmerzlich, wenn auch kaum bewußt, in den hohen Genuß des Fliegens, der grenzenlosen Weite, die wie die Freiheit selber anmutete. Aber nun Windstärke 10!

Wie ist das mit dem Weltbild dieser Flieger? Trägt es nicht Züge, wenn sie einmal heimkehren sollten, die aus Homer und Hesiod stammen?

»Ein U-Boot?« fragt plötzlich einer in der Kopfhaube. Dort schwimmt ein Etwas, grünlich anzusehen. In leichter Biege stößt das Flugzeug nach unten. Aber es ist nur ein verirrter, einsamer Eisberg, mehr ein Eisklumpen, der im Meer dahinschwimmt.

14 Uhr

Meer und Meer! Das Flugzeug kämpft. Es versammelt sich wieder alles, was der Hauptmann mit »netter Suppe« apostrophiert: der Nebel, die Schneeschauer, der Regen. Den

Stiem nicht zu vergessen. Auch die Vereisung, die sich an den Flächen und an der Kanzel bildet. Auch das Kanzel-MG wird von Eis überzogen. Auch an den Propellern, den Latten bildet sich Eis. Wuchtig schleudern sie die Eisstückchen gegen die Kanzel.

15 Uhr

Sieben Stunden nun schon! Dann sind wir wieder in der »Suppe«. Manchmal werden die Luftstöße heftig gegen die Maschine geschleudert. Es rüttelt, als hätten Räuber sich Zeichen gegeben. Bockig und böig ist es.

15.30 Uhr

Jäh tauchen aus Nebelbrei und zerflatterndem Gewölk die ersten Schären auf. Norwegen ist da, die Erde, das Land! Wir sehen klein und winzig einen Leuchtturm wie ein Minarett. Ein Dampfer schippert langsam dahin. »Fragen Sie beim Platz«, befiehlt der Hauptmann dem Funker, »wie hoch die Wolkenuntergrenze ist.«

Mit einer Art wilder Regelmäßigkeit spüren wir die Böen. Die Fäuste des Hauptmanns halten den Knüppel, die Füße das Seitenruder. Die Gefahr erhält erst jetzt, meint man, richtige Illustration. Die Fallwinde sind böse. Im Tiefflug stiehlt sich die Maschine durch den Fjord. Der Platz dort, die Biege, das Aufsetzen und Ausrollen!

Mit seiner dicken Aktentasche geht der Inspektor, der Meteorologe, zur Auswertung. Was er notiert hat auf seinem Fluge – barometrische Tendenz, Charakter der Witterung, Sichtverhältnisse – formt sich alsbald zum Bild über die Großwetterlage.

»Lägen wir im Bach«, hatte der Staffelkapitän in der Eivau (Eigenverständigung) fünfzig Kilometer vor der Küste gesagt, »der Mensch stürbe nicht aus.« Er hatte, was streng verboten war, seine Dackelhündin auf Feindflug mitgenommen. Das Langhaar hatte nichts dagegen, daß Herrchen solche Sprüche von sich gab. Herrchen war im Zivilberuf Intendant eines Dresdner Theaters. Als er zur Staffel kam, trug er nur das Eiserne Kreuz II. Klasse. Die Staffel sah es und tuschelte: Um Gottes willen, schenkt ihm das EK I, der wird sonst was anstellen.

Sechs Wochen nach jenem Flug ist er bei einem Werkstattflug aus niedriger Höhe auf dem eigenen Platz abgeschmiert. Der Intendant hätte gewiß amen gesagt, wenn er seinen eigenen Tod überlebt hätte. Er liebte die großen Worte.

Polarkoller oder: Ihre Welt für sich

Der NSFO wurde durchs Fenster geworfen

Das ist nicht mit drei Worten gesagt, was da in Petsamo an einem Tag im Spätsommer 1944 geschah. Depressionen lagen längst über der Truppe, wie dieser Krieg überhaupt noch zu beenden sei, vom Gewinnen war keine Rede mehr. Diese Gedanken waren heute da und diese sind morgen da. Wie kommen wir lebend hier aus Nordfinnland und Nordnorwegen heraus? Denn hatten nicht die Finnen ihren Waffenstillstand mit den Sowjets geschlossen und schickten sich an, jetzt gegen die Deutschen zu kämpfen? Seit Ende 1943 hatten die Sowjets ohnehin die Luftherrschaft über Murmansk, der Kolabucht und der Fischerhalbinsel.

In einen einzigen Tag war alles hineingepreßt. Bei der III. Gruppe des Jagdgeschwaders 5 betrat ein Leutnant der Luftwaffe die Szene, ein Mittdreißiger, auf dem Waffenrock das Kriegsverdienstkreuz zweiter Klasse ohne Schwerter. Mit der Inständigkeit und dem Fanatismus, der diesen Leuten im Gesicht geschrieben stand, hatte er sich beim Kommodore Ehrler als NSFO vorgestellt, also – nach dem Attentat auf Hitler in der Armee eingeführt –: Nationalsozialistischer Führungsoffizier. Es galten neue Zeiten, die der Politkommissare. Die NSFO waren von da in der Truppe das tägliche Brot.

Man bekennt dankbar und mit Freuden: Sie waren nicht alle so wie der, der hier ans Eismeer kam, um die Flieger politisch auf Vordermann zu bringen.

Der Mann mit dem KVK II.Kl.o.Schw. begann nicht vorsichtig; er kam mit dem dicken Hammer. Es würden, sagte er kurzerhand, nicht genug abgeschossen; er meinte sowjetische Flugzeuge. Nun kam es nicht mehr auf die Tonstärke an; er sagte wörtlich: »Es gibt zuviel Feiglinge, sonst würden noch mehr abgeschossen werden.« Sogar das Wort – im Saal hielt man die Luft an – »feige Schweine« fiel. Dies alles geschah im Kinoraum der Gruppe, der gewiß kein Ruhmestempel war; der NSFO-Mensch stand auf der Bühne, und er sagte es in Petsamo in den Barackensaal hinein, wo Flieger und Bodenpersonal zusammen saßen und ihm zuhörten.

Kaum einer, das ist wahr, dachte noch an den größten Feldherrn aller Zeiten, den Mann mit dem Schnurrbart; ihr Denken ging gen Süden und drehte sich nur um das eine: Wie kommt man aus dieser Mausefalle am Eismeer? Es gab schon den einen oder anderen Zyniker, der mit vorgehaltener Hand, wenn er sich einen angetrunken hatte, resignierend flüsterte: »Führer befiehl, wir tragen die Folgen!«

Vier Mechaniker vom Bodenpersonal tuschelten zum Leutnant Schuck, der längst einen Halsorden trug: »Und das laßt ihr euch gefallen?«

Das kam nicht jeden Tag in einer Armee vor. Die vier Mechaniker, von Schuck und einigen anderen Offizieren mit Ermunterung versehen, kletterten auf die Bühne, packten den Naziabgesandten, schrien nicht Sieg-Heil, sondern: »Das ist für den Feigling und die Schweine, Herr!« und warfen ihn mitsamt dem Fensterkreuz durchs Fenster nach draußen. Er verschwand bei Nacht und Nebel und ward nicht mehr gesehen.

Das höchst verwegene Unternehmen hätte nur vor dem Feldgericht oder der Gestapo enden können. Und natürlich mit der Todesstrafe. Es sei nun so oder anders: Der Tatbestand, einen NSFO beim Kanthaken zu nehmen und ihn durch ein Fenster hinauszuwerfen, war eine Sensation.

Schon eine Woche später, man rüstete zur Verlegung nach Bardufoss, kam ein neuer NSFO zu diesen Jagdfliegern, ein älterer Hauptmann. Mit dem EK I. des Ersten Weltkrieges – die Flieger schauten genau hin – und dem Kriegsverdienstkreuz I. Klasse mit Schwertern des Zweiten Weltkrieges. Die Grenzen zwischen NSFO und NSFO waren fließend. Ihm blieb ein Rausschmiß erspart. Während Rom beratschlagt, geht Sagunt zugrunde, hieß es bei den Alten.

Nicht eben im Zusammenhang mit diesem Ereignis in Petsamo spannte sich ein Bogen: Bei den Soldaten am Eismeer war etwas inwendig in Unordnung geraten. Es gab Anlaß zu Spaltungen. Hier gab es die meisten Depressionen. Selbst ihre Frontzeitung sprach von Polarkoller.

Nach Stuttgart 3999 km

Am Eingang zum Fliegerhorst Salmijärvi, westlich von Petsamo, stand ein Wegeschild, von einem Rentiergeweih umrahmt: »Nach Stuttgart 3999 km«. Irgendein Landser hatte es wohl angenagelt. Manchmal blieb der Obergefreite, wenn er mit dem Essenkanister vorbeizog, stehen. Dann war ihm plötzlich nah, was ihm fern war: sein Stuttgart. Und dieser eine fehlende Kilometer sagte das, was sie sich bewahrt hatten, und dräute der Winter noch so sehr mit trotzigen Gebärden: die Mischung von Heimweh mit ironischer und depressiver Betrachtungsweise. Hier gab es einen Soldatensender Finnmark in dem Fischerdörfchen Vadsö auf der Varanger-Halbinsel. Von Kirkenes fuhr man mit dem Boot drei Stunden über den Varangerfjord nach Norden, Minengefahr inbegriffen. Das Dörfchen, keineswegs lieblich, war gekrönt von einer Kirche und den beiden riesigen Sendemasten. Es waren fünf oder sechs Dutzend Holzhäuser, die den norwegischen Fischern gehörten, die in den Buchten ihre Reusen auslegten. Mit den Booten zum Fischen aufs offene Meer zu fahren, war nicht mehr ratsam, denn auch hier bestand Minengefahr. Baumbewuchs gab es nicht auf der Insel; selbst Krüppelbirken und Kiefern waren ausgestorben. In der Dorfstraße liefen ein paar Schafe. Der Sender lieferte Kost für die Landser.

Die Stimmen aus dem Äther waren zwei Damen, Gudrun Niska, die schon um sechs Uhr morgens mit dem »Frohen Tagesbeginn« anfing, und Eva-Maria Knoch, eine Berliner Schauspielerin, war neunzehn Jahre alt, als sie am 1. Juni 1943 hierher kam, sie servierte »Wir machen Musik« und »Wir machen Appetit«. Und es gab ein »Finnland-Trio« beim Sender, das mit den Herren Banner, Borack und Helfreich, drei Soldaten, unterhaltende und klassische Instrumentalmusik spielte. Der Gefreite Paul Heiermann war Opernbassist und Küchenchef, Intendant und Sendeleiter der Unteroffizier Helmut Brennicke. Mit dreißig Platten fingen sie 1941 an, 1944 waren es zweitausend. Der Sender mußte aufgegeben werden. Die zurückgehende deutsche Wehrmacht machte alles gründlich. In Nordfinnland, in Lappland, sprengte sie 925 Brücken, von Rovaniemi bis Vadsö brannte alles bis auf die Grundmauern nieder.

Die Radiostimme der Niska, rauchig und kehlig, war Vulkan- und Eruptivgestein, »sexy« sagte man später, ihr mußte was im Blut liegen. Eva-Maria Knoch war milde und innig mit Abgründen, gewissermaßen auf Ausgleich der Gegensätze bedacht. Fünfunddreißig Jahre später hat Eva-Maria noch Hamsun im Gepäck, liebt noch das Nordland und bemerkt von griechischen Gestaden aus, daß ihr die Landschaft im hohen Norden am meisten unter die Haut gegangen ist, die darauf aus sei, dem Beschauer prinzipielle Eindrücke zu vermitteln. Die Berlinerin sieht sich noch über die verschneite Tundra nach Hause stapfen, das flackernde Nordlicht am Himmel. Und den Fliegern, die sie mit einem Lachsessen verwöhnen wollten, und die sie mit dem Fieseler Storch über das Gebirge schaukelten, widmet sie ein postumes Gedenkblatt. Wie man sich leichthin denken mag, deutet sie mit dem Zeigefinger auf das Dörfchen Vadsö: Sie habe es nie bereut, über ein Jahr dort gewesen zu sein. Es ist wider alle Erfahrung aus diesen Breiten: Das Wort Polarkoller kennt sie nicht.

Auf dem Mond zu sein

Es ist sehr still. Der Leutnant sitzt in einer Baracke am Fenster und liest. Es ist ein Buch, dessen beziehungsreicher Titel lautet: »Blauer Dunst macht Weltgeschichte«. Aber im Untertitel heißt es: »Kurzweiliger Lebenslauf des Tabaks«. Also mehr eine humorige Weltgeschichte des Tabaks. Es geht auf Mitternacht zu. Draußen scheint die Sonne, aber kein Vogel singt. Die Rinde der Birken ist von einem seltsamen Silberglanz, der mit dem milchigen Sonnenlicht wetteifert. Plötzlich ruft der Leutnant, als er jemanden hantieren hört: »Bongartz!«

Augenblicklich antwortet es von nebenan, die Tür geht auf, und die Kasino-Ordonnanz, der Herr Obergefreite, steckt seinen Kopf ins dämmrige Zimmer.

»Herr Leutnant?«

»Bongartz, du bist doch von der Bühne, wie? Du bist doch mal aufgetreten? Du weißt doch, was ein Sonett ist?«

Der Bongartz, ein pfiffiges Kölner Alaaf-Gesicht, steht da, und sein Bewußtsein bevölkern Gedanken, die sich nicht geziemen. Er denkt: Dem Herrn Leutnant ist nicht gut. Was redet der Herr Leutnant?

Der Herr Leutnant sagt, indem er ihn anstiert: »Bongartz, ich frage dich, weißt du, was ein Sonett ist?«

Der Bongartz sagt nichts, aber er denkt wieder: Getrunken hat er nichts, Post hat er auch gekriegt, also was hat er? Stille.

Dann sagt der Leutnant: »Schafskopf. Tu mal was für deine Bildung. Hör zu!«

Der Leutnant steht auf und beginnt durch das Zimmer hin und her zu wandern wie ein meditierender Konfrater. Die Linke auf dem Rücken, in der Rechten den »Blauen Dunst«. Seine pathetische, von Kehlkopftönen getragene Stimme, komisch ohnegleichen, trägt das Gedicht vor: »Gewidmet sei das erste der Sonette,/in dem ich völlig mich der Form bemeistert,/ der Zauberei, die mich dazu begeistert:/ der duftenden Havannazigarette.«

Wieder Stille. Man hört die Stille. Dann weiß es der Bongartz: Aha, der Herr Leutnant hat nichts zu rauchen. Der Herr Leutnant spielt auf Zigaretten an. Eine Schachtel hat er noch gut. Dazu also das Sonett!

Bongartz ist schon zwei Jahre im hohen Norden. Er weiß, wie das ist, wieviel man verdrängen muß, weil »nichts passiert«. Er weiß, wie das ist, wenn man dasitzt in der Baracke, tatenlos, unaufhörlich bedrängt von der Einsamkeit. Der Herakles weiß, wenn man der Hydra zwei Köpfe abschlägt, wachsen ihr ein halbes Dutzend nach. Manchmal geht es über die Kraft; und der Leutnant sagt unmotiviert das Wort

»Scheiße«. Das Wort hat etwas Definitives. Lesen kann man nicht immer. Er liest tatsächlich die Hymnen des Hölderlin, die ihm ein Gefreiter ausgeborgt hat, und er liest Zwanzig-Pfennig-Romane, die so heißen wie »Zwischen zwei Frauen« oder »Ich warte auf dich«. Gestern liefen zwei Lottas draußen herum, zwei finnische Armeehelferinnen. »Ich mußte mich am Riemen reißen, sie nicht anzuquatschen«, sagt der Leutnant.

Manchmal also, wie gesagt, und der Bongartz glaubt es jetzt, da er den Leutnant so sieht und hört, irre und wirre Sachen predigend – manchmal meint man zwanghaft, auf dem Mond zu sein. Alle Sachen, Geschehnisse und Begebenheiten erscheinen merkwürdig. Da staut sich etwas auf. Man kann keine Antwort finden auf manches. Den Bedrängten, wie diesem Leutnant, den immer die Unrast beim Wickel hat, der brüllend lachen kann, daß die Eismeerfront wackelt, vermag es wenig zu trösten, daß er viel Lesestoff hat. Auch der Hölderlin nicht. Man muß ja manchmal Mattscheibe kriegen, denkt der Bongartz und holt sechs Eckstein. »Und zwei Bluemaster«, ruft der Leutnant hinterher, die er mit den Eckstein in seiner Pfeife mischt.

»Ich brauche einen Marschbefehl nach Prag«, räsonniert plötzlich der Leutnant mit umdüstertem Gemüt, »in zwei Wochen bin ich dort mit Bruni Löbel verabredet, die einen Film dreht; dann rappelt's im Karton«, sagt der Leutnant abrupt und so, als ob er in Privatgeschäften reisen wolle. Er heißt Kurt W. Marek, ist Kriegsberichter, und vier Jahre danach hat er, C. W. Ceram, seinen Weltbestseller geschrieben: »Götter, Gräber und Gelehrte«. Und der Löbel, mein Gott, wie hat er's der gegeben. Er brachte nicht nur ein Kinobillet mit zurück.

Schweyk unterm Nordlicht

Zum Grübeln neigte der Feldwebel nie. Er war nun schon fast zwei Jahre hier, zwei unwahrscheinlich lange Polarwinter mit der ewigen Nacht, wo es im November schon so dämmrig ist, daß man über Mittag keine Zeitung ohne künstliches Licht lesen kann. Nahezu ein halbes Jahr lang dauert die Nacht. Diese Tage mit Schnee und Eis, aufkommenden Schneestürmen, die manchmal die Dächer von den Baracken reißen, mit unwahrscheinlichen Verwehungen, klirrendem Frost und schlechten Postverbindungen, ohne Abwechslung, mit einer bleiernen Eintönigkeit von täglich vierundzwanzig Stunden, mit großem Schlafbedürfnis, bei dem man sich zuweilen fragt, wieviel Stunden man heute nicht geschlafen hat – diese Tage bringen ihn, den Feldwebel, doch manchmal zur Grübelei. Die Grübelei erhält Nahrung, wenn er, die Bretter untergeschnallt, in der Dunkelheit durch den Schnee stakt, hinunter an den Fjord, der umsäumt ist von der Bergwelt, deren Silhouette, wenn nicht Nebel darum geistert, sich wie Sargholz abzeichnet. Dann ist außer dem Meer kein Laut vernehmbar, keine Regung des Lebens. Das kann nicht gutgehen. Die Langeweile wird oft gegen den Strich gebürstet. Hier wird die letztmögliche Resignation deutlich. Gleichgültigkeit, Versagen, Melancholie, Apathie, Öde, Einsamkeit, ruinöse Hoffnungslosigkeit, Indifferenz – die Situation ist unlösbar. Polarkoller?

Das sind die Stunden, wo sich der Feldwebel wie in höllischer Verfallenheit und Verlassenheit vorkommt, dann wollen sich seine Gedanken ins Vergangene versenken. Denn das Leben, verdammt noch mal, muß doch mehr sein als Aufstehen, Essen, Lesen, Waffenreinigen, Unterricht, Radiohören, Briefeschreiben und Schlafengehen. Er fliegt bei den Fernaufklärern.

Es ist keine Gleichgültigkeit, die ihn überkommt und in die es ihn treibt, aber es gibt Dinge, das erfährt er schon mit seinen vierundzwanzig Jahren, dafür gibt es keine Erkenntnis und keine Wertung.

Er durchwandert dieses Soldatenleben wie der erste Mensch, der ganz von vorn anfängt. Hier versteht einer die ganze Welt nicht mehr, obwohl sie aus sogenannten unumstößlichen Tatsachen besteht. Hier gibt es kein Datum. Hier ist der Mensch im Abseits. Hier ist der Polarwinter von einer unverschämten, unheimlichen Langeweile. Die Langeweile mit ihren taghellen Nächten ist befremdlich und summiert sich. Eine schöne Menge Gottverlassenheit ist hier beisammen. Wenn um Mitternacht die Sonne nicht untergeht, ist es ganz still; kein Vogel piepst. Das Schlafbedürfnis des Menschen ist unvermutet halbiert; vier Stunden Schlaf täglich genügen. In der Winternacht ist es umgekehrt, man braucht die doppelte Portion des normalen Schlafs. Für die Eismeerregion ist der Mitteleuropäer nicht gebaut. Hier lebt der Mensch »inwendig«.

Hat das was mit dem Polarkoller zu tun, wenn er sich so in sich selber verkriecht und sich von innen vermauert? Gestern hat er sich lang und breit mit Maßmann und Rosinski von seiner Crew unterhalten. Maßmann sagte, er sei schon längst abgebrüht, und der Rosinski, er fühle sich in zwei Hälften tranchiert. Nur mit dem Problem der Damenwelt, da kommt keiner zurecht; Fehlanzeige. Sie sind hier so klug und so dumm und so einfältig wie die Umstände, unter denen zu leben sie gezwungen sind. Er komme sich wie Schweyk unterm Nordlicht vor, meinte der dritte der Feldwebel; langanhaltende Einsamkeit und Dunkelheit oder ständige Tageshelle müßten die Sinneseindrücke durcheinanderbringen.

Das verlorene Zeitmaß und eine Flasche Roten

Koch und Buttenschön, Oberleutnant und Flugzeugführer der eine, Leutnant und Beobachter der andere, sitzen zu Hause. Zu Hause, wie sich das anhört. Sie sitzen in ihrer Eismeerbaracke. Buttenschön, der Jüngere, sagt: »Dreh doch endlich mal das Radio ab. Das geht mir auf die Nerven!« Wortlos steht der Oberleutnant auf und schaltet das Gerät ab.

»Ich habe den Eindruck, daß du urlaubsreif bist«, sagt Koch.

»Was für ein Scharfsinn wieder«, entgegnet Buttenschön, »ja, der Alte hat mir gesagt, daß in acht Tagen wahrscheinlich die ›Berta-Marie‹ nach Deutschland geht und ich dann mitkomme.«

»Na also!«

Stille. Beide lesen. Der eine die Zeitung, der andere ein Buch. Draußen, man hört es deutlich, rumort ein ordentlicher Stiem. Es ist gegen vier Uhr nachmittags. Stockdunkel natürlich. Aber die Lampe spendet ein wenig Licht.

Buttenschön steht auf, schließt seine Mob-Kiste auf und holt, verborgen unter Wäschestücken, eine Flasche Rotspon hervor, zitiert Wilhelm Buschs alte Knaben, setzt eine Tasse und ein Glas auf den Tisch, entkorkt die Flasche, gießt ein und erhebt die Tasse:

»Wie heißt der Leuchtturmwärter von Norderney?«

»Prost!«

»Prost!«

Eine Weile wieder Stille.

»Mensch, du sitzt wieder da wie Pik-Sieben! Red' doch mal was!«

Buttenschön: »Sag mal, was hältst du so von unserem Leben? Hast du eigentlich immer noch so ein lockendes Bild des Friedens vor Augen? Willst du immer noch nach Hannoversch-Münden die Forstwirtschaft studieren? Sag mal!«

Koch legt sein Buch hin, sieht schräg von unten den Herrn Leutnant an: »Forstwirtschaft? Daß ich nicht lache. Ich kriege den Posten des Direktors eines Käsewirtschaftsverbandes. Wenn das nicht, dann einer Hosenträgerfabrik.«

Buttenschön sieht hinüber: »Du hast nicht alle Tassen im Schrank.« Schräg fährt er fort: »Ein ferneres Zusammensein mit dir ist fast eine Zumutung!« So reden sie miteinander.

Ihre Gedanken verlieren sie oft an Dinge und Zeiten, als sie noch nicht Soldat waren. Aber sie sind schon so lange, so unwahrscheinlich lange dabei, ihr Soldatsein hat schon so feste Form angenommen und ist schon so Normalzustand geworden, daß ihnen das Gefühl, wenn sie plötzlich mal wieder Zivilist werden sollten, wie es dann würde, völlig abhanden gekommen ist.

Jedesmal, wenn sie zurückkommen, von Nowaja Semlja und der Karasee oder von Spitzbergen, atmen sie tief durch. Jedesmal ist ihnen das Leben neu geschenkt. Das Dasein wird jedesmal neu gefühlt. Das Gefühl taucht dann auf, wenn das Fahrwerk auf der Startbahn wieder aufgesetzt hat, wenn sie aus ihrer Mühle geklettert sind und sie dann plötzlich das Huschen der Dämmerung erleben oder eines der vielen güldenen Sternlein am Himmel sehen, den Großen Wagen zum Beispiel, dessen hintere Deichsel selbst hier zum Polarstern zeigt.

Die Zeit freilich ist hier tot. Mit dem Zeitmaß werden sie nicht mehr fertig. Sind die Tage, Wochen und Monate lang? Ja, ist selbst die Stunde in ihrem Maß nicht völlig anders geworden als früher? Es ist gleichgültig, denn ihr Leben gleitet doch, Buttenschön drückt es etwas bombastisch aus, wie in einem Strom. Es ist so schön, gelegentlich etwas zu bramarbasieren. »Denkst du vielleicht noch an deine Forstwirtschaft? Ich nicht.«

Der Oberleutnant sieht ihn aus kleinen Augen an. Dann geht er zum Spind, faßt zwischen Hemden und Socken und hat das Ding in der Hand: »Mensch, ich muß mir meine Trophäe aus Berlin noch mal anschauen, dann komme ich günstiger ins Gleichgewicht. Klärchen hieß sie und war eine Schlange.« Es war ein Büstenhalter. Ihn zu erobern war schwierig gewesen. Sie sehen sich an und lächeln. Kein Thema für eine Konversation, heute nicht.

Von nackten Bergen und einigen Pistolenschüssen

Wendland hat der Flugzeugführer geheißen, den ich noch gekannt habe. Eines Tages war die Nachricht da: Vom Feindflug nicht zurückgekehrt. Der letzte Funkspruch war nordostwärts von Archangelsk abgesetzt.

An dem Tag nun, von dem hier berichtet wird, schritt der Feldwebel Wendland durch die Wildnis des niederen Gestrüpps der Zwergkiefern und Krüppelbirken, um, wie er hinterlassen hatte, sich eine Stunde lang zu vertreten. Den dicken Schafspelz hatte er sich übergeworfen. Er trampelte über das an einigen Stellen vom Schnee freie Steingeröll, zwischen dem Steinbrech, Rentiermoos und Preiselbeeren recht kümmerlich dahinlebten, und als er den Lappen mit dem wunderschönen Namen Ingolf, der ihnen manchmal Aale aus dem Lakselv brachte, streunend im Gehölz traf, dachte er, einen Trapper und Waldläufer aus dem Wilden Westen zu treffen.

Das Dämmern der mittäglichen Stunde schlich über das

Land. Wendland schritt ohne Ziel. Manchmal, in den Wehen, sank er ein, und dann bedauerte er, die Bretter nicht unter zu haben. Solche Stunden und solche Streifzüge liebte er.

Er ist noch jung, dreiundzwanzig Jahre alt, er ist noch in der Unbedenklichkeit der Jugend, die nach nichts trachtet als nach dem Augenblick. Aber das Leben hier am Eismeer ist von einer Eintönigkeit, daß es einen manchmal wie ein Tier anspringt. Unbetont reiht sich Tag an Tag, Woche an Woche. Fliegen können sie nicht. Die Maschinen stehen in ihren Boxen. Er muß sich zusammenreißen, um nicht plötzlich laut loszubrüllen, um nicht etwas Sinnloses zu tun. Wie schlägt man hier eigentlich die Zeit tot?

Plötzlich nimmt er seine Pistole und schießt in die Luft. Die Schüsse hallen über das Land, fünf, sechs oder sieben Schüsse, er weiß es nicht zu sagen, aber es ist auch gleichgültig. Nein, die Schüsse hallen nicht, sie keckern wie heiseres Fuchsgebell. Plötzlich ist es wieder gut. Ja, das ist das Richtige gewesen. Mal richtig losknallen.

Wenn Knieriem, sein Funker, ihm zugeschaut hätte, der hätte gesagt: »Du Nervenbündel! Warte, ich fühle mal deinen Puls.«

Als Wendland heimkam, saßen sie in der Feldwebelstube und spielten Doppelkopf. Nur Knieriem hockte auf seinem Bett und schnitzte mit seinem mächtigen Kappmesser an einem Stück Holz, das Pferd mit dem Bollerwagen für seinen Sohn. Wer es vermochte, zu horchen, der empfand überraschend das lange untätige Warten als einen ungeheueren Lehrmeister. Er setzte sich zu den Kameraden und begann zu kiebitzen.

Kurz darauf ist Wendland, wie das die Dichter einmal ausdrückten, vor dem Feind geblieben; auch Knieriem, sein Funker.

Der Vergleich mit den Wikingern

Die Besatzung einer Junkers 88 war von einem Spitzbergeneinsatz zurückgekommen. Sie hatte Aufklärung geflogen. Der Flug, so stand nachher sachlich und nüchtern im Bericht, war ohne Besonderheiten gewesen, die Flugstrecke war nicht lückenlos eingesehen, weil sich – das nun stand wieder nicht im Bericht, sondern der Fahnenjunker-Feldwebel Börnemann drückte es so aus –, weil sich über dem Eismeer eine nette Suppe zusammengebraut hatte. Nordkap, Bäreninsel, Südkap, Eisfjord mit Barentsburg und Adventsbucht, die Schwedengrube, das Südostland und Hopeninsel waren eingesehen, das Eismeer selbst nur teilweise. So der Bericht. Doch ja, drei Eisbären hatten sie gezählt auf treibenden Schollen.

Nun begab sich das Seltene: Als zwei der Besatzungsmitglieder nachher im Baracken-Kasino saßen, was man hier so Kasino nennt, sprachen sie, was sehr selten vorkam, noch einmal vom Flug. Ja, es entwickelte sich eine Art philosophischer Betrachtung, die deswegen aufgeschrieben werden soll, weil sie etwas vom Wandel des Weltbildes, wie es bei den Fliegern besonders offenkundig geworden ist, ahnen ließ. Dieser Wandel des Weltbildes ist ein Ereignis, das schwer für die Zeitung zurechtgemacht werden kann.

Börnemann, der kurz vor seiner Beförderung zum Offizier stand, sagte seinem Gegenüber, dem Bordschützen, dem nämlich, der dies aufgeschrieben hat, etwa folgendes: »Ich weiß mir manchmal nicht zu helfen. Als ich noch jünger war und vom Fliegen nichts kannte, erschienen mir die Flieger wie verehrungswürdige Helden. Ich wurde selber Flieger, freiwillig, um es zu sagen. Ich habe nahezu dreimal hunderttausend Kilometer geflogen, mehr als die Hälfte hier oben, die meisten Flüge über dem Eismeer. Ich bin aber über ganz Europa geflogen, bis weit über den Atlantik und über Afrika. Ich erlebte den Raum und die Ferne, die Weite und das Unbegrenzte wie ein Geschenk, trotz aller Gefahr, die besonders hier am Eismeer auf uns lauert. Der Tod wird bei uns nicht willkommen geheißen, aber wir sind doch oft um Millimeter daran vorbeigeflogen. Heute wieder dieser Spitzbergenflug; in neun Stunden fast zweieinhalbtausend Kilometer, in neun Stunden ein Ohnehaltflug mit einer Propellermaschine. Kein Mensch macht Aufhebens davon. Mein Vater, als ich ihm das erzählte, schüttelte den Kopf.

Wir sind doch Weltfahrer im wahrsten Sinne des Wortes geworden, Wikinger meinetwegen, die vorgestoßen sind in Bereiche, wie es keiner je geahnt hat. In der Enge unseres Zuhause werden wir uns nicht mehr zurechtfinden. Ich spüre das immer wieder ganz deutlich, wenn ich in Urlaub bin, wie klein und eng und fremd das alles geworden ist.

Die Weite des Meeres, der Himmel, der hier größer und mächtiger ist als irgendwo auf Erden, an dem gemessen das Festland ein liebenswürdiges Inselchen ist – sind nicht alle Maßstäbe verschoben? Jeder wird das Raumerlebnis mit nach Hause bringen. Und niemand wird das Gewaltige des Raumes, die Verwandlung seiner Welt, so im tiefsten Grunde erleben wie der Flieger. Vielleicht noch, aber dies mit anderen Vorzeichen, der U-Boot-Fahrer. Sie alle haben ihr früheres Weltgebäude mit neuen Empfindungen überbaut. Mehr noch: für jeden hat sich die Welt radikal verwandelt. Sie ist weder in bildhaften Vorstellungen zu fassen noch verstandesmäßig zu formulieren. Hier in dieser gottverlassenen Gegend wird man von großer Empfindlichkeit, Labilität und Verwundbarkeit, physisch und psychisch.«

Börnemann scheint eine Art Antoine de Saint-Exupéry,

der den berühmten Roman »Wind, Sand und Sterne« schrieb, zu sein, der schließlich auch, wie er, vom Aufklärungsflug nicht zurückkam. Sie sind beide zufällig, der Franzose und der Deutsche, im Juli 1944 gefallen.

Ein Feldwebel brutzelt Rentiergulasch

»Mensch«, sagt der Oberfeldwebel, steht vom Stuhl auf und geht zur Tür, »mir fällt die Bude auf den Kopf.« Die enorme Figur des anderen Feldwebels, des Stubengenossen, liegt hemdsärmelig auf der Bettstatt.

»Langsam, langsam!« sagt der Feldwebel, legt seine Zeitung hin, springt auf die Beine und zieht den Rock an. Gemeinsam treten sie aus der Baracke. Es ist fünfzehn Uhr.

Das Büchsenlicht geht bald in die Nacht über. Der Schnee schmatzt unter ihren Fliegerstiefeln. Er ist eine weiche Masse. Die Zeit ist nicht mehr fern, wo Frühlingsstürme an ihren Baracken reißen werden. Ein leichter Vorgeschmack scheint in den Lüften zu liegen.

Einsilbig ziehen die beiden über den Flugplatz zur Baracke 34, wo sie sich mit den beiden Feldwebelkameraden von den Fernaufklärern zum Doppelkopf verabredet haben. Es ist Sonntag. Sonntags, muß man wissen, ist ihr Doppelkopftag. Aber sage einer, der Sonntag sei hier ein Feiertag. Den Sonntag erkennen sie am Pudding, den es mittags als Nachtisch gibt.

Die beiden treten ein. Der Oberfeldwebel, van Erckelenz heißt er, sagt »Gott zum Gruß!« »Heil!« sagen die Fernaufklärer. »Freunde, die Marketenderwaren sind da, zwei Flaschen Genever! Außerdem: Jonathan hat uns fünf Kilo Rentierfleisch gebracht.« Was dem Beduinen in der Wüste das

Kamel, das ist dem Lappen im hohen Norden das Ren. (Zur Erklärung muß dienen, daß Jonathan der Lappe aus der Tundra ist, der Handelsmann, dem ein Päckcken Tabak die neun Seligkeiten bedeuten. Jonathan kommt gelegentlich vorbei. Wie er wirklich heißt, ist noch nicht ermittelt. Er ist der legitime Nachfahr des armen Bruders Jonathan.)

Der eine Fernaufklärerfeldwebel, Steffens geheißen, hat die Bratpfanne geholt, und bald brutzelt das Rentier in der Pfanne. Zwiebeln hat Steffens drangeschnitten. Wanderer, stehe still, nimm dir eine Nase voll mit, du kannst dich auf was gefaßt machen. Es kann nicht immer Lebertran und Fisch sein. Einer, der zwei Jahre am Eismeer lebte, hat mit sechzig ein Drittgebiß.

Der Unterschied, ob sie sich auf dem Monde oder auf der Erde befinden, ist relativ gering. Oh, Leute, es ist nicht Angst, auf verlorenem Posten zu stehen, nicht der Wunsch, den Dingen der Zivilisation mal wieder für eine Weile näher zu sein, zum Beispiel, offen gesagt, mal wieder ein WC zu sehen, sondern einfach das quälende Ringsum des bewegungslosen Landes. Ein WC zu sehen? Das Scheißhaus ist hier eine Hütte mit einem Donnerbalken. Für Offiziere und fliegendes Personal getrennt.

Aber nun haben die vier ihr Rentiergulasch. Dazu den Genever. Sie sitzen da und knallen die Karten auf den Tisch, und wenn wir ihnen als Kiebitz mal über die Schulter sehen würden, bemerkten wir, daß sie sich ganz gut aufs Mogeln verstehen. Den Jonathan wollen sie sich warm halten, sagt der eine, prächtig habe es geschmeckt, das Rentier, nur sehr zäh.

In Kirkenes wird auf der Leinwand geküßt

Pike heißt auf norwegisch Mädchen. Mißverständlich könnte ein Mitteleuropäer glauben, es sei eine Verunglimpfung oder Slang aus der Kiste der Landsersprache. Hier scheint die Sprache auf ihre letzte Spaßigkeitsformel gebracht zu sein.

Sie sind sehr rar, die Piken. Manche, zum Beispiel die Soldaten jener Nebelwerferbatterie des Leutnants Hermann Höcherl in den Bunkern und Finnenzelten an der Lizafront, hauchen sich ins Ohr: Mädchen? Mann, gibt es das noch? Gibt es das noch, liebe Leute? Kann man ihre Gefühle dolmetschen? Sie helfen sich mit schnoddrigen Redensarten. Ihr Denken ist von bestimmten Inhalten besetzt. Zwangsläufigkeiten sind die Folgen. Wenn in Kirkenes im Soldatenkino auf der Leinwand in Großformat ein Liebespaar erscheint, das sich küßt, ruft irgendein Mannsbild aus dem Hintergrund: Auch haben! Daß man ihnen einen Schuß Soda ins Essen tut, würde weder der Leutnant Höcherl noch sein Küchenbulle bestätigen.

Zweimal im Monat kommt die Frontzeitung. Das erste, was sie tun: sie schlagen die vorletzte Seite auf, wo das Bild vom Dienst erscheint. Das Bild vom Dienst ist etwas Halbnacktes, oder auch, je nachdem, etwas mehr, also oben ohne. Das Bild ist für Mannsbilder würzig und soll an- und aufregen. Das Wort Pornographie gibt es noch nicht. Das Oberkommando der Wehrmacht hat befohlen, in jeder Frontzeitung etwas Schlüpfriges zu bringen, damit sie was fürs Auge, die Phantasie und so weiter haben. Die Bilder werden ausgeschnitten und mit Reißbrettstiften in der Unterkunft befestigt. Der Obergefreite hat darüber in Kursiv geschrieben: Das uns fehlende Vitamin.

Das Halbnackte ist das Reiz-, Schlüssel- und Zauberwort.

Und ein Sesam-öffne-dich, doch kein Sesam weit und breit.

Um dreizehn Uhr tut sich draußen etwas. Die Fenster der Baracken auf dem Horst werden aufgerissen, und von da, wo der Schirrmeister wohnt, ertönt der alarmierende Ruf: »Sondermeldung!« Sie wissen ganz genau, was das bedeutet: Irgendwo, wenn auch in weiter Ferne, ist eine Schürze aufgekreuzt. Drüben geht also wirklich, Gott weiß, wo es hergekommen ist, ein weibliches Wesen vorbei; nein, es geht nicht, es schreitet. Nicht adrett ist diese Pike, das kann man nicht sagen. Immerhin, eine Zuckerpuppe ist einer Sondermeldung wert.

So also ist das hier. Es macht keinen rechten Spaß. Kein Dementi, wenn gesagt wird, man lebe auf dem Mond.

Blick zum Erlöserberg

Vom Fenster seiner Baracke in Petsamo hat er, gen Nordosten, den Erlöserberg vor sich. Er ragt aus den Wellenbergen der Tundra wie eine Mischung von runder Kuppe und breitem Tafelberg. Mit einer grindigen, verharschten Schneedecke ist er meist versehen, und seine klobige Gestalt ist wie eine Uferböschung, zu der in Urzeiten das Meer einmal heraufgereicht haben wird. Porös und rissig scheint die Schneedecke, aus der der blanke Fels hier und da zu sehen ist. Der Name Erlöserberg steht auf keiner Landkarte, denn er stammt von den deutschen Fliegern. Sie waren »erlöst«, wenn sie von drüben kamen, den Berg sahen und zum Horst zurückkehrten. Es konnte ihnen nichts mehr passieren.

Dieser Blick aus dem Fenster, den der Oberleutnant hat, ist eine unentrinnbare Eintönigkeit. Der Berg, von der Baracke her und im Dunst der mittäglichen Stunde, scheint farblos, wie ausgewaschene Atmosphäre. Zwischen Baracke und Berg, steil abfallend zum Flüßchen, liegt der Petsamojoki, der zum Fjord zieht; gegenüber dem Taleinschnitt, dem Erlöserberg zugehörend, das einst berühmte russisch-orthodoxe Kloster Illuostari. Das Land rundum, aus dem so wenig Gutes kommt, hat die Seele der Popen womöglich erfrieren lassen. Kriegsgeschrei ist nichts für die beiden dort zu sehenden Gottesmänner.

Eine Stunde mag man's aushalten. Aber Stunden? Der Plural bringt etwas Lähmendes mit sich. Stundenlang tatenlos sitzen, nur den Berg vor sich mit Krüppelbirken im Vordergrund, das kann man nicht.

Die Einsamkeit ist buchstäblich zu hören. Sie ist nicht identisch mit der Stille. Sie ist Wind und Stille, Totenstille, Sturm und Schneetreiben in einem. Auch die Gebirgsjäger, die manchmal mit ihren Mulis vorbeiziehen, personifizieren sie. Auch der Krähenschwarm. Auch der irgendwo am Holz der Baracke nagende Lemming, das verdammte Biest. Den Berg ständig sehen zu müssen, das macht einen kaputt, auch wenn er dem weidwund geschossenen Flugzeug die Erlösung bringt.

Ich habe sie gefragt, wie sie's anstellen, das zu ertragen. Auch den Oberleutnant Rudi Glöckner, einen Jagdflieger, einen richtigen Saufaus und Saufkumpan, mit dem ich Freundschaft schloß. Er sagt: Er möchte gern mal wieder ein Mädchen im Arm fühlen. Er möchte gern mal wieder tanzen. Er möchte auf dem Müggelsee mal wieder segeln, im Mitropawagen sitzen und ein Pilsener Urquell bestellen. Das möchte er. Auch, ehrlich, in einer großen Badewanne sitzen, am liebsten aus Marmor. Aber nun sei ja die Welt aus den Fugen. Er habe es früh lernen müssen, sich zu kontrollieren und zu beherrschen. Er sagt es so wörtlich, wie es hier niedergeschrieben ist.

Der Erlöserberg, drüben liegt er stur hingebreitet, bringt keine Erlösung, auch wenn es sein Name verspricht. Dort liegt die deutsche Abhörstelle, die den Funkverkehr der Sowjets überwacht, besetzt von einem Leutnant und einigen Soldaten, die russisch sprechen. Sie kennen die Frequenzen des Funksprechverkehrs Boden-Bord und Bord-Boden. Die Sowjets haben starke Störsender. Flugmeldestationen sind in Kirkenes und Petsamo, die Luftnachrichtenstellung »Rentier« liegt mit einem »Freya«-Gerät, dem Radar-Instrumentarium, am Fischerhals.

Vor dem Verstiegenen bleiben Soldaten meist bewahrt. Diese Landschaft, kein Zweifel, bringt Depressionen. Hypochonder gibt es hier, Friedfertige gibt es hier, aber es gibt kaum einen, der hier, wie die Psychologen sagen, »versagte« oder gar »durchdrehte«. Und vom einstigen Oberleutnant Glöckner, der mehr als ein Vierteljahrhundert schon amerikanischer Staatsbürger ist, der damals viele Luftkämpfe über Murmansk und der Tundra überstanden hat, zweiunddreißig sowjetische Maschinen abschoß, hörte ich den Satz: Wohl, diese Eismeerregion ist von Krieg überzogen, aber das Land hier kann ich intensiv genießen. Das Foto übrigens ist erhalten, wo Glöckner nach einem Einsatz – es hatte schnell gehen müssen – im Pyjama aus seiner Me 109 klettert.

Es gab welche, die konnten alle Register des Wortes Polarkoller ziehen. Selbst Kommandeure, Militärärzte und Militärseelsorger legten die Stirn in Falten. Krank werden, hypochondrisch, neurotisch werden? Nein, sagte mein Freund Glöckner, ich nicht.

Aus: Rohwer/Hümmelchen: »Chronik des Seekrieges«

27. 3. – 5. 4. 1944

Am 30. 3. gehen von Scapa Flow als Deckungsgruppe der CINC Home Fleet, Adm. Fraser, mit den Schlachtschiffen *Duke of York* und *Anson* (VAdm. Moore), den Trägern *Victorious, Furious,* den Geleitträgern *Emperor, Searcher, Pursuer, Fencer,* den Kreuzern *Belfast, Royalist* (KAdm. Bisset), *Sheffield, Jamaica* und 14 Zerstörern in See. Am 30. 3. wird der Konvoi von der dt. Luftaufklärung erfaßt, doch schießen die *Martlet*-Jäger der *Trakker* und *Activity* am 30. 3. 1 *Ju* 88 der 1./F. A. Gr. 22, am 31. 3. 3 *FW* 200 der 3./K. G. 40, am 1. 4. 1 *BV* 138 der 1./S. A. Gr. 130 und am 2. 4. 1 *Ju* 88 der 1./F. A. Gr. 124 ab. Von den 3 Gruppen »Thor« mit *U* 278, *U* 312, *U* 313, *U* 674, »Blitz« mit *U* 277, *U* 355, *U* 171, *U* 956 und »Hammer« mit *U* 288, *U* 315, *U* 354, *U* 968 und den zusätzlich ausgelaufenen Booten *U* 716, *U* 739, *U* 360, *U* 361 und *U* 990 gewinnen die meisten von kurz nach Mitternacht am 1. 4. bis zum 3. 4. abends an Escort Groups Fühlung und fahren z. T. mehrfach T-5-Angriffe, die jedoch sämtlich ohne Erfolg bleiben.

Am 3. 4. stößt VAdm. Moore mit der *Anson,* den Trägern, 3 Kreuzern und 5 Zerstörern der Deckungsgruppe gegen Nordnorwegen zum Angriff auf das Schlachtschiff *Tirpitz* im Altafjord vor (Operation »Tungsten«). 41 *Barracuda*-Trägerbomber greifen unter Jagdschutz durch 21 *Corsairs* und 20 *Hellcats* die *Tirpitz* (Kpt. z. S. Meyer) an und erzielen bei insgesamt 4 Verlusten 14 Treffer: 122 Tote, 316 Verwundete, Schiff 3 Monate nicht einsatzbereit. Jagdschutz über dem Trägerverband 40 *Wildcat*-Jäger.

Der rückkehrende Konvoi RA. 58 mit 36 Dampfern und der Sicherung des JW. 58 läuft am 7. 4. aus dem Kolafjord aus. Wegen der schweren Verluste beim JW. 58 kann die dt. Luftwaffe nur noch nächtliche Radar-Aufklärung fliegen, der Konvoi wird erst am 9. 4. erfaßt. Von den in 2 Gruppen »Donner« und »Keil« mit *U* 313, *U* 636, *U* 703, *U* 277; *U* 361, *U* 362, *U* 711, *U*

716; *U* 347 und *U* 990 aufgestellten U-Booten kommen am 10. 4. nur *U* 361 (Kptlt. Seidel), *U* 362 (Oblt. z. S. Franz) zweimal, *U* 703 (Oblt. z. S. Brünner) und *U* 313 zu erfolglosen T-5-Schüssen gegen Zerstörer. Der Konvoi wird am 11. 4. früh nochmals von der Luftaufklärung geortet, die Operation muß aber abgebrochen werden, da die U-Boote zu weit achteraus stehen.

Befehl: Aufspüren und Fühlung halten

Phosphoreszierend glommen die Zahlen auf der Armbanduhr auf. Sie zeigte 0.30 Uhr. Um diese Zeit waren wir durch die Wolkendecke gestoßen. Nun flogen wir darüber. Hier mußte noch der Fjord unter uns sein, backbord Vaernes, wo wir unseren Horst wußten. Wir flogen, über den Wolken, in einem großen, unheimlich weiten Gefäß. Das war wie ein grenzenloses Aquarium. Die Motoren der »Condor«, der FW 200, das pochende Herz des Riesenvogels, tobten in beruhigender Regelmäßigkeit.

Zu unseren Häupten standen die magischen Sterne, wie flimmernde goldene Nagelköpfe ins Unsichtbare gehämmert, die Decke des Gewölbes haltend, schwebend scheinbar, indes nur das Flugzeug Leben schuf, indem es sich fortbewegte.

Während unten das Land zurückblieb, während der Horst sich zur Ruhe gelegt hatte, erwuchs unser schattenhafter huschender Vogel zu tätigem Leben, ein Befehl war ihm eingegeben, dieser nämlich: Aufspüren eines feindlichen Geleitzuges vor Island und Fühlung halten an ihm.

Im Horst war die Betroffenheit groß genug gewesen, denn vor fünf Tagen war eine Ju 88 der 1. Fernaufklärergruppe 22, vor vier Tagen gleich drei FW 200 der 3. K. G. 40, vor drei Tagen ein Flugboot BV 138 der 1. Seeaufklärergruppe 130 und vor zwei Tagen wieder eine Ju 88 der 1. Fernaufklärergruppe 124 ausgeblieben, sie alle mit dem Auftrag: Fühlung halten.

Ein solcher Auftrag ist keine Gelegenheit zu einer Naturbeschreibung, und eine solche Nachtszenerie zwischen Himmel und Wolken ist für den Flieger alles andere, als sich Stimmungen hinzugeben. Wir würden das Naturell der Flieger schlecht kennen, würden wir solches sagen. Aber doch – es ist wahr – wuchern Gedanken auf solchen Flügen. Der Verlust von sechs Besatzungen, die vor ihnen den Auftrag hatten, mußte allen in die Knochen gehen.

Plötzlich kroch der Bordschütze aus dem Heckstand, in dem er bisher still und ruhig gesessen hatte, ich sah schemenhaft seine Gestalt im Rumpf der Maschine, und sich zu mir niederbückend zeigte er durchs Fensterchen nach steuerbord voraus: »Da!«

Jeder Flieger wird, wenn er nicht eine absolut prosaische und sachliche Natur ist, auch auf solchen Flügen das Wunder noch gewahren. Das Wunder war in diesem Augenblick steuerbord voraus das Nordlicht. Die Erscheinung am Himmel wuchs, wir beugten uns zum Fensterchen, wie ein himmlisches Mysterium in Bogenform rund um den fernen Horizont. Ein Wunder in der Begreiflichkeit nicht minder wie in der Unbegreiflichkeit.

So stark wurde jener grünlich-flimmernde Bogen, daß im Rumpf die klobigen Brennstofftanks erkennbar wurden. Ein Haufen Fallschirme war zu sehen. Das Nordlicht, das ständig seine Form änderte, halb dunstig, halb fasrig zerwehend, schüttelte seine Helle über die Tragflächen. Die Balkenkreuze waren erkennbar. Es war ein kaltes gräuliches Zwielicht, das in unser Aquarium eingefallen war und das mächtige Gewölbe zwischen Himmel und Wolkendecke erhellte.

Das Nordlicht sind Elektronenstrahlen, die in irgendeinem Zusammenhang mit Sonnenflecken stehen. Es ist ein futuristisches Wirbeln und Wehen am Himmel, eine Glorie von wehenden Fäden, ein großes Himmelsspiel, gesträhnte Wolken, zerfließende Lichtpfützen, erregte Katarakte, Fasanenschweife aus glimmernden Leuchtfarben. Aber das Nordlicht bringt sphärische Störungen in den Laden der Flieger. Auf den Funkfrequenzen ist es verdreht, und beim Blindflug ist höllisch aufzupassen. Verdünnte Gasatome leuchten in den Strahlenfeldern auf.

Wir waren längst über dem Nordmeer. Gegen fünf mußten wir am Geleit sein. Es zog schneidend kalt durch die Ritzen in die Maschine. Die Knie froren.

Da sagte der eine zum anderen über die Eivau: »Mixer, schau mal nach dem Schmierstoff, los, dalli!« Der das sagte, der Pilot, schien ein Berliner Junge zu sein.

Unten lag jetzt, wir glaubten es zu erkennen, tief, schwarz und drohend, das Meer. Hauchdünn, locker schwebend, Fetzen mehr als geschlossene Decke, waren Wolken zwischen uns und das Meer geschoben. Die Uhr zeigte 4.35 Uhr. Noch immer, nun schon drei Stunden lang, flatterte wie ein weiches und zartes Musselingewebe der Schleier des Nordlichtes von Island herüber. Wer es in einem Bild ausdrücken wollte, würde es mit dem Schleiertanz oder dem Reigen eines Balletts vergleichen; die Strähnen, die herunterfielen, wären die Beine, die sich rhythmisch bewegen. Aber solchen Unsinn denken die Flieger nicht.

Sie denken zuerst an ihr Instrumentenbrett, an die Drehzahl der Motoren, den Kühl- und Schmierstoff und deren richtige Betriebstemperatur, der Funker an sein Didadidit und die Peilungen, und jeder daran, sich zu behaupten, wenngleich die Schiffsflak zu schießen beginnen sollte. Das waren die Realitäten.

Je mehr sich das Flugzeug dem vermutlichen Standort des

Geleits näherte, desto stiller wurde es in den Ohrmuscheln. Jeder war nun allein und mit sich selber beschäftigt. Wer wußte denn, in welche Ereignisse, in welche dramatische Geschehen er in den nächsten Viertelstunden hineingezogen würde? Die Motoren, die atmenden Herzen, rissen tobend den Leib der Maschine fort ins Unsichtbare, ins Planquadrat des Nordmeeres, wo der Konvoi vermutet wurde.

In diesen Stau des Schweigens fiel plötzlich, die Spannung lösend und sie doch mit jeder Sekunde mehrend, wie ein lebendiges Wort des Beobachters, Radar hatte seine Schuldigkeit getan: »Da sind sie!«

Es ist wenig genug, was nun zu berichten ist. Jeder hockte an seinem Platz. Eines jeden Gesicht müßte nun gespannteste Aufmerksamkeit sein. Würde gleich die Schiffsflak schießen? Nein, die Schiffsflak schwieg.

»In Fünferreihen fahren sie!« sagte der Beobachter. Offenbar scheute er sich, das mehr als halblaut vor sich hin zu sagen.

Der Befehl ist ein strenges Wort, es kann nicht anders sein. Der Befehl war, Fühlung zu halten, sonst nichts. Wie gerne hätte der Kommandant diesem Pott unten, der nun genau unter uns lag, in der aufkommenden Morgendämmerung, durch ein Wolkenloch gut zu erkennen, eine Bombe in die Aufbauten gejagt.

Noch immer schwieg die Flak, es war wichtig, dies festzustellen. Denn wenn die Flak dieser zahlreichen Zerstörer und Handelsschiffe geschossen hätte, dann hätte eine Wahrscheinlichkeitsrechnung ergeben: Aus! Sechs Maschinen mit Besatzungen waren in den letzten Tagen draufgegangen.

Dies sei nun, wie ihm wolle: Die »Condor« zog ein paar Stunden lang um das Geleit, respektvoll entfernt, es aber nie verlierend. Der Funk tat das Seine, und der Unteroffizier, der

Bordfunker, der an der Morsetaste saß, mochte wohl kaum das Bewußtsein haben, daß seine im Grunde doch kleine Arbeit der Anlaß zum Großen war.

Denn nur einige Stunden später zogen durch das Nordmeer die U-Boote.

Das Nordlicht in der Nacht, als wir nach zehn Stunden zurückkamen, war längst vergessen. Wichtig war, daß der Befehl ausgeführt und das Geleit nicht aus den Augen gelassen war. Nach Murmansk ging das Geleit.

»Im Nordmeer griffen unsere U-Boote in den letzten Tagen feindliche Kriegsschiffsverbände an und versenkten vierzehn Zerstörer und Korvetten« meldete der Wehrmachtsbericht am 4. April 1944. Von eigenen Verlusten war keine Rede. Was wirklich versenkt wurde, sagten Jahre später die Kriegshistoriker.

Aus: Rohwer/Hümmelchen: »Chronik des Seekrieges«

11. 5.–31. 5. 1944

Sowj. kombinierte Operation RV-4 gegen den dt. Konvoi-Verkehr vor der Polarküste.

Am 29. 5. greift *S-103* (Kpt. 3. Rg. Nečaev) vor dem Laksfjord 2 dt. Minensucher ohne Erfolg an. Luftoffensive der 18th Group RAF-Coastal Command gegen die von Norwegen in den Atlantik auslaufenden U-Boote. *Sunderlands* der norweg. Squ. 330 und des OTU. 4 RAF, *Catalinas* der RAF-Squ. 210 und *Liberators* der RAF-Squ. 59 sichten 22mal U-Boote, fliegen 13 Angriffe und versenken die ausmarschierenden *U* 240, *U* 241, *U* 675 und *U* 292 und zwingen *U* 862 und *U* 958 zur Umkehr. Außerdem schießt das nach Nordnorwegen laufende *U* 476 1 *Sunderland* ab, wird aber selbst so schwer beschädigt, daß es nach Übernahme der Besatzung durch *U* 990 versenkt werden muß. Dieses Boot wird vor Drontheim ebenfalls versenkt, *V* 5901 rettet 51 Überlebende beider Boote. In dieser Zeit kommen nur das Minen-U-Boot *U* 233 und die Schnorchelboote *U* 719, *U* 767, *U* 1191, *U* 988, *U* 671, *U* 987 und *U* 247 in den Atlantik durch.

Suche nach den U-Boot-Männern

Der Hauptmann und Staffelkapitän beim Kampfgeschwader 40 in Vaernes hieß Maly. Wir starteten – mein Flugbuch weist es aus – am 24. Mai 1944 in Vaernes um 14.21 Uhr und waren um 23.18 Uhr zurück. Tags vorher war ich mit dem Stabsfeldwebel Hätzold von der gleichen Staffel von 5.52 Uhr bis 15.47 Uhr bewaffnete Aufklärung geflogen. Beim Einsatz des Hauptmanns hieß es: bewaffnete Aufklärung und Seenotfall.

1944 war die Welt vor Norwegens Küste inzwischen verstellt. Die strahlende Apotheose der deutschen U-Boot-Waffe war nicht mehr gültig, die der Luftwaffe schon lange nicht mehr. Die Ortungstechnik des Gegners für U-Boote war komplett. Das Seemannsgrab und das Fliegergrab waren im hohen Norden nahezu gleich. Tag für Tag gingen die stählernen Särge der deutschen Kriegsmarine auf den Meeresgrund. Der Triumph der U-Boot-Waffe bekam seine Kehrseiten. Die Überlegenheit der Amerikaner, Engländer und Sowjets war nunmehr offenkundig. Binnen zweier Wochen waren ein halbes Dutzend deutsche U-Boote allein vor Norwegens Küste mit Wasserbomben endgültig in die Tiefe geschickt worden.

Wohl, diesen Hauptmann Maly, auf den ich jetzt blicke, zeichnete hohes fliegerisches Können aus. Er war ein alter

Aviateur. Er stammte, zwar nicht dem Namen, aber seinem Bekunden und dem Idiom der Sprache nach, aus Bayern. Heute galt es für uns nur, Schlauchboote abzuwerfen für in der See treibende U-Boot-Soldaten, deren Boot durch Wasserbomben versenkt worden war. Man wußte das Planquadrat zwischen den Shetlands und Färöern, von wo ein Notsender gerufen hatte: Wir sind in Seenot, SOS.

Es gibt keine Nacht mehr. Die Tageshelle dauert fast vierundzwanzig Stunden. Es ist kein Frühling, es ist kein Sommer in unserem Sinne. Es ist ein Gezeitenwechsel wider alle Gesetze unserer mitteleuropäischen Zonen. Der Erde scheinbar tiefer Friede, der Welt scheinbar große Feierlichkeit ist durch die aufbrüllenden Motoren unseres Flugzeuges aufgeschreckt. Schon vor dem Beginn des Unternehmens hatten wir unsere gelben Schwimmwesten aufgeblasen. Die Fallschirme lagen hinten im Rumpf, zu nichts nütze. In einer halben Stunde war die viermotorige »Condor« schon längst über den Schärengürtel hinaus und lag auf Kurs über dem Meer. Man brauchte nicht über eine enorme Phantasie zu verfügen: Es war ungemütlich beim Unternehmen Seenotfall.

Vorne in der Maschine saß neben Maly der Beobachter, ein Leutnant, dahinter zwei Feldwebel, ein Unteroffizier und der Kriegsberichter, dem Maly den hinteren Kanonenstand zugewiesen hatte. Vom Schießen mit der Zwei-Zentimeter-Kanone verstand der Kriegsberichter etwas, daran war er ausgebildet.

Maly nahm Zuflucht zu zwei Wörtern: »Verflucht!« und »Mist!« Oben war das leichte Gewölk von Zirren gewesen, aber die Maschine mußte nach unten, durch die Wolkendekke. Oben war eben noch die gute, alte Sonne gewesen, die funkelte, als hätte sie sich in den Goldtresoren der Wallstreet gebadet und herumgewälzt, jetzt, Wolkenuntergrenze vierhundert Meter, war man über dem schwarzen Lack des Meeres. Und das war auch der Auftrag: Suche in fünfzig Meter Höhe.

Dann war man im Planquadrat des Nordmeeres. »Augen auf!« befahl der Hauptmann. Ein deutsches Schnellboot, das den gleichen Auftrag hatte: Suche nach den U-Boot-Männern. Der Beobachter unserer Maschine schießt mit der Pistole das ES, das Erkennungssignal des Tages, Grün und Blau. Keine zehn Sekunden, dann fahren die Leuchtspurfäden der Flak des deutschen Schnellbootes an der deutschen Maschine vorbei.

Verdrängungserscheinungen großen Stils beim Hauptmann; er schreit in der Kopfhaube, ohne daß die Kameraden vom Schnellboot es freilich hören: »Verflucht und zugenäht!«, und dann die Drastik des Kasinos: »Arschlöcher!« Das Flugzeug gerät in eine Turbulenz, macht einige Sätze, nahezu bis auf den Lack des Meeres. Die Mariner haben ganz richtig draufgehalten; das Flugzeug hat das ES vom Vortag geschossen, also das falsche. »Nicht hinauslehnen!« hätte der Kriegsberichter am liebsten dem Hauptmann vorne an der Steuersäule zugerufen.

Das Wort »Arschlöcher!« ist unter Soldaten schon immer eine magische Beschwörungsformel gewesen. Die geheimen Kräfte der Angst und der Furcht hatten nun bei den Fliegern und den Marinern von ihnen Besitz ergriffen. Jetzt fehlte nur noch, daß ein paar britische Beaufighter anrauschten oder nur ein einziger britischer Zerstörer auf dem Plan erschien und die hilflose »Condor« und die beiden deutschen Schnellboote – inzwischen war ein zweites Boot im Blickfeld der Flieger – umbrachte.

Vom Flugzeug aus wurde ein in der See treibender einzelner Mensch mit kackgelber Schwimmweste einige Sekunden lang gesehen, erst steuerbord, dann backbord, doch bevor die »Condor« bei bockigem Wind eine Biege geflogen hatte, war der Mensch bei der groben See verschwunden. Wir wurden kein einziges Schlauchboot los.

Der Hauptmann Maly und der Kriegsberichter besuchten gegen Mitternacht, heimgekehrt, die Mariner von den Schnellbooten. Sechzehn von siebenundfünfzig U-Boot-Männern hatten die Schnellboote aus der See gefischt und an Bord geholt, den Rest hatte die See behalten, sie waren den Seemannstod gestorben.

Der Marineleutnant schiß den Fliegerhauptmann an: »Und wenn ihr demnächst wieder das falsche ES schießt, gibt's wieder Zunder!« sagte der junge Mann, ohne den Häuptling von der Fliegerei auch nur mit einer kleinen Portion Wohlwollen oder dienstgradmäßigem Respekt zu bedenken. Wenn wahr wäre, was viele Marinegenerationen behauptet haben, müßte es bei den Seelords von lauter Admirälen, bei der Luftwaffe aber von lauter Würstchen wimmeln.

Aus: Rohwer/Hümmelchen: »Chronik des Seekrieges«

10. 6.–28. 6. 1944

Battle Line Task Group 58.7 (VAdm. Lee) zunächst auf die anderen 4 Gruppen aufgeteilt: Schlachtschiffe *Washington, North Carolina, Iowa, New Jersey, Indiana, South Dakota, Alabama,* Kreuzer *Wichita, Minneapolis, New Orleans, San Francisco,* Zerstörer *Mugford, Conyngham, Patterson, Bagley, Selfridge,* Stunden mit Wabos belegt, entkommt aber. Ein Angriffsversuch von *M*-200 oder *S*-14 vor dem Syltefjord wird durch eine *BV* 138 vereitelt. Nach Entlassung einiger Dampfer greift das sowj. U-Boot *S*-104 (Kpt. 2. Rg. Turaev) nachm. den Restkonvoi mit dem Dampfer *L. M. Russ* und *R* 159, *R* 173, *V* 6107, *V* 6111, *NKi* 08, *NKi* 12, *UJ* 1211 und *UJ* 1209 vor dem Tanafjord an und versenkt *UJ* 1209.

Am 22. 6. greifen sowj. *Il*-2, *Airacobras* und *Kittyhawks* ein kleines Geleit bei Vardö an und beschädigen die Artilleriefähre *AF* 39. Am 27. und 28. 6. führen sowj. Bomber-Verbände mit Jagdschutz Angriffe gegen Schiffe in Kirkenes, bei denen der kleine Dampfer *Herta* (717 BRT) und die *Florianopolis* ausbrennen.

Bei einem Geleit Kirkenes-Petsamo am 28. 6. gehen von 6 Dampfern (Sicherung 7. und 21. R-Flotille) die *Vulkan* (989 BRT) durch sowj. Küstenbatterien und die *Nerissa* (992 BRT) durch Torpedokutter verloren.

»gustaf nagel«, Rotauge und über das Reesen

Mit den U-Boot-Männern verwandt

Es ist ein Seltsames um Männer, die die Meere befliegen. Wenn man ihren Blick sieht, der etwas verhangen scheint, die Augen sind eine physiologische Sackgasse, meint man, sie suchten die Ferne, in der es soviel Rätselhaftes und Anonymes gibt. Das Auge kann vollkommen ausdruckslos sein, aber es kann merkwürdigerweise auch Emotionen ausdrükken. Wir Kriegsberichter hatten nur das Heldische im stählernen Fliegerblick zu sehen.

Seeflieger sind mit den U-Boot-Männern verwandt, denen ja auch das Meer etwas anerzog, das wir gewohnt sind, den sechsten Sinn zu nennen. Wir müssen von den Gewalten reden, über die uns die Herrschaft nur zu einem winzigen Teil gegeben ist und zu denen diese Männer in einer schicksalhaften Abhängigkeit stehen: Wolken, Wind, Stürme und Meer, Vereisung, Nebel und Böigkeit.

Hier wird über Rotauge berichtet, den Unteroffizier, Bordmechaniker in der Seefliegerstaffel des Hauptmanns Nagel, den sie, weil er ein Unikum war, »gustaf nagel« benannten, einen in den zwanziger Jahren berühmten religiösen Spinner, der sich als Einzelkandidat sogar einmal um einen Sitz im Reichstag beworben hatte. Der Unteroffizier hieß Karl Roth und war in der Wuppertaler Gegend zu Hause.

Wenn sich einer besann, wie er zu dem Namen Rotauge gekommen war, dann wußte es keiner genau, weder Käptn Nagel noch der Leutnant Rainer Barzel, als Beobachter bei der Staffel, der Jahre später ein wichtiger Politiker in Deutschland wurde und fast auf den Stuhl des Bundeskanzlers geraten wäre. Keiner wußte genau zu sagen, woher Rotauges Name kam; mit den Plötzen, einer Art Karpfenfisch, hatte er nichts zu tun. Der Spitzname tat Rotauge nicht wohl und nicht wehe. Er herrschte sie nur an, wenn sie ihn in einer Abwandlung des Wortes Holzauge nannten, obwohl, wie man weiß, dieser Name in der Fliegerei eine gewisse Geläufigkeit hat. Rotauge sagte in diesen Fällen nur: »Idioten.«

Als sie an diesem frühen Morgen zum Flugboot hinunterstiegen, es hätte in Drontheim oder Tromsö sein können oder noch woanders, waren sie alle, wie immer, wenn es zum Einsatz ging, sehr still. Rotauge selber fror, und er hatte das Gefühl, krank zu werden. Als hätte die Atmosphäre überm Fjord einen Anfall von Ausgelassenheit bekommen, so schien es ihnen allen. Eine Wolkentasche hing über der See, fern und weit und ultramarinfarben, dem jungen Morgen besonderen Glanz verleihend.

Sie stiegen in das kleine Boot, das sie zum Katapultschiff »Westfalen« hinüberbrachte. Der Gischt des flinken Bootes, das durch den Fjord schoß, schüttete sich über sie. Der Katapultmeister fettete mit seinen Leuten die Gleitschienen der Schleuderbahn ein. Dann knackte der Lautsprecher, und von irgendwo sagte eine tiefe Stimme den Befehl: Sofort starten!

Als die drei mächtigen Rohölmotoren rauh und gellend aufgebrüllt hatten, das Flugboot, der »Fliegende Pantoffel«, wie man es nannte, die Blohm & Voß 138, vom Katapultschiff hinausgeschleudert war und sich nun den Ausgang über die offene See suchte, zum vielstündigen Flug übers Eismeer, kroch Rotauge, nachdem er vorne in der Kanzel noch einmal prüfend die Instrumente, Tourenzähler, Motorentemperatur und die Kraftstoffpumpen überblickt hatte, auf seinen Sitz an der hinteren Kanone. Er preßte sich in seinen Sitz, die Schwimmweste bot mit ihrem Kragen ein Polster für den Kopf, und er sah aus wie ein Vogel, der sich in die Krone seines Baumes zurückgezogen hat, brütend, ohne Gefühl für Zeit und Raum, ohne Wunsch, ohne Willen. Die Zeit schien zerflogen. Und doch hatte er vor sich die Kanone, der er zugewandt sein mußte. Wieviel Wünsche, wieviel Träume und Sinne auch in seinem Gehirn schlafen mochten, was immer zu denken er sich anschickte, alles wurde heute von einer seltsamen Dumpfheit begleitet. Er hockte da wie eine Skulptur, die Augenlider nur halb geöffnet.

Wenn er den Blick nach draußen auf das Meer schickte, wenn er hinausstarrte auf die See und den Horizont absuchte, dann spürte er wohl, daß diese unheimlich einsame Welt in ihn drang, deren Wellenschlag dort unten ein erschreckendes Gleichmaß von Schaum und Wellenkämmen, ein immerwährendes ewiges Einerlei von Anschwellen und Zerfließen war. Manchmal, wenn es so auf ihn eindrang, wurde er bei der Betrachtung dieses wechselvollen und doch stets gleichförmigen und monotonen Spiels beinahe fromm. Dabei hatte ihn einer der Feldwebel, der nicht lange nachdachte, einmal einen Hosenscheißer genannt, also ein Mensch, der ein Feigling war, ein Ängstlicher, bei dem sich die Darmentleerung von selbst einstellte. Wehe diesem Herrn, hatte sich Rotauge geschworen!

Die Wellen liefen und liefen und konnten doch nie ein Ziel erreichen. Und wenn die Elemente Sturm übers Meer legten, wenn ihr Flugboot darin tanzte, nicht sehr angenehm natürlich, dann kam eine merkwürdige Verwandlung über ihn. Es beruhigte Rotauge sehr, in solchen Augenblicken zu erkennen, was für lächerliche Zwerge wir Menschenkinder doch allemal waren. Er sinnierte und spintisierte oft auf solchen Flügen. Das hatte er wohl von seinem Vater im frommen Wuppertal, der, zum Beispiel, Jakob Böhme las, obwohl der Vater ein sehr einfacher Mensch war. Selbstverständlich hatte Rotauge Angst, wenn ihr Flugboot in einen schlimmen Stiem geriet. Er war, es muß erwähnt werden, weil es eine gewisse Merkwürdigkeit in sich birgt, von Beruf Sparkassenangestellter.

Rotauge hatte jetzt, während sie flogen, in der rechten Knietasche der Kombination einen Brief. Der Reißverschluß der Knietasche war halb geöffnet, und ein Zipfelchen des Briefes sah aus der Tasche; er war von seiner Freundin. Es blühten wunderliche Gedanken in seinem Hirn. In der Tasche hatte er noch etliche Kaffeebohnen, von denen er gelegentlich eine kaute, auch Kekskrümel hatte er noch darin.

Es könnte sein, daß sie mal ihre Gedanken zurückmarschieren ließen. Moment mal, gab es das denn noch: die Mädchen, den Beruf? Gab es das denn noch: das Büro, die Regentonne an der Ecke des väterlichen Hauses oder die Lachtaube daheim im Vogelbauer? Gab es das noch? Oder die Effektenabteilung der Sparkasse mit der neuen Buchungsmaschine, oder der Inspektor Best, der mal sein Vorgesetzter war, damals? Der kaute die Zigarren mehr als er sie rauchte, der Best, der schreckliche Best!

Jetzt flogen sie in Wolkenfetzen, die Maschine wurde unruhig. Die Flächen schoben sich in diesen milchigen Nebelbrei, und es schien, als ob die Maschine sich quälen müsse, hindurchzustoßen. Wie ein boshaftes Tier schnob sie hinein, für Sekunden wieder hinaus, um dann von neuem wieder den

Ansturm zu wagen gegen neue Wolkenfetzen. Der brausende tiefe Orgelton der schweren Motoren war gewaltig und wild. Wie lange mochten sie schon fliegen? Ab und zu sah er die träge nach Süden ziehenden Schollen des Treibeises. Grönland und Island konnten nicht fern sein. Oft muß man auf einem solchen Langstreckenflug schlucken, denn das Trommelfell ist wie von einem bleiernen Tuch umhangen. Auch in den Schläfen ist das Klopfen und Rauschen des Blutes.

»Backbord voraus Rauchfahnen!«

Gleich, er sah auf die Armbanduhr, würde der Umkehrpunkt erreicht sein. Und das war dann jedesmal, als ob eine Hochstimmung bei den Männern aufkommen wollte. Aber der Flugzeugführer schrie plötzlich in die Eigenverständigung, und die Worte waren jedem wie ein Kanonenschuß eingegangen: »Was ist das? Schiffe? Backbord voraus Rauchfahnen!« Das Flugboot machte einen bedenklichen und bedrohlichen Satz. Denn der Flugzeugführer, der Oberfeld, hatte sich mächtig an den Knüppel gehängt. Die Maschine ging auf Höhe.

Jetzt wurde es ungemütlich. Die kleinen Flakwölkchen verrieten, daß sie schon erkannt waren. Der Leutnant war vorne an die Kanone gekrochen, der Bordschütze und Rotauge bezogen hastig ihre Posten an den achteren Waffen.

Jetzt saß jeder da und sank in eine Sphäre der Beklommenheit und Benommenheit, jeder Nerv war gespannt. Der Leutnant vorne schoß schon aus seiner Kanone. Sonderbar, Rotauge gab sich kühl und ruhig und sachlich, nichts Hosenscheißer.

Da sah er die Leuchtspur der feindlichen Flakgeschosse, sie

lagen zunächst schlecht. Er sah dann noch mit einem rasenden Erschrecken dicht hinter dem Leitwerk die Geschoßfäden, die lagen nun schon verdammt gut. Der Oberfeld kurvte wild. Der Leutnant befahl noch einmal einen Anflug, um die Stärke des feindlichen Geleits – denn um ein solches handelte es sich – einwandfrei festzustellen.

In diesem Augenblick, als das Flugboot einkurvte, traf eine Sprenggranate die Kabine. Der Bordschütze bemerkte es, als Rotauge nicht mehr schoß und ein scharfer Luftzug in die Kabine drang. Es war etwas sehr merkwürdig gewesen. Er kroch zu Rotauge hinüber, der machte ein paar seltsame Bewegungen. Und kaum, daß der Bordschütze an Einzelheiten denken konnte, wuchs plötzlich ein Gefühl in ihm auf: Rotauge war getroffen. Nach links vornüber war sein Kopf gesunken. Die Kopfhaube war verschoben, in der Schwimmweste staken Geschoßsplitter, und am Hals rann Blut, langsam tropfte es hinunter auf den Kragen der Kombination. Als der Bordschütze herankroch, griff Rotauge an den Hals. Der Versuch, das Kehlkopfmikrophon, das offenbar seinen Atem bedrängte, herunterzureißen, gelang nicht mehr. Der Bordschütze erschrak heftig. Er fingerte an der Kopfhaube. Ob Rotauge schon tot war? Im Spiel von Schatten und Licht, das in die Kabine drang, sah er, daß die Augen eine graue, gelbliche Farbe bekamen. Dann sprach er ins Kehlkopfmikrophon: »Herr Leutnant, es ist was passiert!«

»Was ist los?« schrie der Leutnant. Es war ein heller, schwirrender Ton. »Was passiert!« wiederholte der Bordschütze.

Der Oberfeldwebel hatte die Maschine in die Wolken gezogen, und den Vogel schüttelte wieder die verfluchte Böigkeit. Der Leutnant kam nach hinten gekrochen. Er sah zum Bordschützen, und er würde, erzählte er später, nie diesen

Focke Wulf FW 200 Condor wurde als Transporter, Seefernaufklärer und Bombenflugzeug eingesetzt. *(Foto: VFW-Fokker)*

Die viermotorige Focke Wulf FW 200 Condor mit deutlich erkennbarem Bombenzielgerät unter dem Rumpf. *(Foto: VFW-Fokker)*

Die Blohm und Voss 138 (BV 138), ein Seeaufklärerflugboot, das die Engländer und Amerikaner »The flying clog« (der fliegende Holzschuh) nannten. Es wurde vom Startschlitten eines Schleuderschiffes hinaus katapultiert. »Diese Mühle können Sie verschrotten, die werde ich nie wieder fliegen!«, schimpfte Chefpilot Rodig nach seinem ersten Start. *(Foto: VFW-Fokker)*

Begegnung mit einem U-Boot – Blick aus C – Stand einer FW 200 Condor. *(Foto: Archiv des Autors)*

Amerikanisches Aufklärer-Flugboot »Catalina« über Grönland. *(Foto: J. Piekalkiewicz)*

Erkundungsflug einer sowjetischen Maschine in der Arktis. *(Foto: Nowosti Press)*

hilflosen Mann vergessen, auch nicht den Ton seiner Worte, die er nun, auf Rotauge zeigend, nochmals hervorstieß: »Karl ist getroffen!« Es war eins der ganz wenigen Male, daß sie Rotauge beim Vornamen nannten.

Der Leutnant hatte die Situation schnell erkannt. Es war außer dem Verschluß der Kanone nichts kaputt, aber den Ärmsten hatten die Flaksplitter der Sprenggeschosse erwischt. Der Leutnant stierte lange auf ihn, fragend, verwundert und unsicher. Plötzlich wurde er der Augen ansichtig, dieser grauen, leeren Augen, die das Rätsel hüteten, das um jeden Tod kreist. Es war kein Zweifel mehr, in diesen Sekunden verlosch das Leben des Hosenscheißers. Rotauge war tot. Der Mund hatte sich einen Spalt geöffnet, die Backen fielen ein. In dieser Hilflosigkeit fiel dem Leutnant ein, daß man dem Toten die Augen zudrücken müsse. Er hatte noch nie einen toten Kameraden gesehen, denn so sterben Flieger selten. So stellt sich selten ein Fliegertod dar.

Nachdem durch Funk die Bodenstelle verständigt worden war vom Umkehrpunkt, vom Standort im Planquadrat XY, der Stärke des feindlichen Geleits, der Feindberührung und dem Toten an Bord, nachdem sie den Toten in der Kabine gebettet hatten, flogen sie lange schweigend, drei oder vier Stunden blieb es in den Ohrmuscheln der Kopfhaube still. Nur die Peilungen kamen regelmäßig. Ein jeder war bei seinen eigenen Gedanken, und es würde wohl recht unvollkommen bleiben, wenn man ihre Gedanken wiedergeben wollte. Es war mehr erahnt als erdacht, ein Gefühl brüderlichen Zusammenseins mit dem toten Rotauge, dem Hosenscheißer, was sie alle überkommen hatte. Eines Tages würden sie alle ausbleiben. Der Leutnant saß in seiner Bedrängnis; der Anblick des Toten, bei dem die Totenstarre bald eingetreten war, machte stumm. Der Horizont trennte draußen wie mit einer Radiernadel gezogen Meer und Himmelsgewölbe. Bevor das Flugboot im Fjord zur Landung ansetzte und wasserte, kroch der Leutnant zu Rotauge hinüber. Den Brief, den er aus der Tasche nahm, las er später, er glaubte das Recht dazu zu haben. Sechs Seiten reinster Liebesschrift; er las es mit einer sonderbaren Scheu.

Zwei Tage danach begruben sie Rotauge.

Vom Reesen der Seeflieger

Flieger waren sogenannte bessere Herren. Nicht nur, weil sie einen Schlips trugen, Fliegerzusatzverpflegung bekamen und ihr Elitebewußtsein bisweilen nach außen zur Schau trugen. Mit Orden verzierte Männer konnten sich gelegentlich auch einer schnoddrigen Tonart bedienen, soweit sie Offiziere waren. Exzentrisches Gehabe, Angeberei und Starallüren erlebte man nicht selten bei Leuten, die das Ritterkreuz trugen. Hüben waren sie »Ritter«, drüben Helden der Sowjetunion. Aber manchmal legten sie, wie bei dieser Seefliegerstaffel, eine schöpferische Pause ein. Ein Ritterkreuz, wenn er nicht mindestens Fliegerführer war und Befehle auf hoher Ebene geben konnte, hat kein Seeflieger bekommen.

Wer es nicht weiß, daß Seemänner ein Volk für sich sind, in ihrer Art, sich zu geben, in ihrem Jargon, in ihrer Denkweise, auch in ihrer Weise, schrägen Dingen noch ein Gutes abzuknöpfen, der noch aktiven Sinn hinter allen passiven Erscheinungen entdeckt, der wird nicht hinter das Geheimnis ihres Wesens kommen. Irgend etwas hat ihnen das Wasser anerzogen. Irgend etwas hat der Umgang mit dem Wasser gebracht. Sie reden nicht, sie sprechen und erzählen nicht, sie klönen auch nicht. Sie reesen. Sie reesen viel und gern und ausgiebig und tun, wenn sie was haben, gerne einen Becherlupf. Goethe, nicht wahr, trank »drei Fleschgen Wein« täglich. Sie würden sogar noch mehr trinken als Goethe, wenn sie mehr hätten.

Sie betranken sich gelegentlich. Das tat man bewußt oder auch ohne Vorsatz. Danach versuchte man die Quadratur des Kreises zu lösen. Besaufen taten sie sich, wenn sie größere Mengen Alkohol beim Herrn Reichskommissar zusammengeschnorrt hatten. Zu tief ins Glas gucken war die verhüllende Form des Saufens. Majore und Hauptleute tranken einen über den Durst; die Klasse der Leutnants trank sich einen Rausch an; und was darunter war, die Unteroffiziere und Mannschaftsdienstgrade, ließ sich vollaufen. Dann gingen sie in die Obszönitäten, gingen ans Eingemachte und wollten dicke Weiber stemmen.

Seeflieger sind die direkten Verwandten der Seemänner. Auch sie haben ihre Splissen und Knoten. Auch sie reden, sprechen, erzählen und klönen nicht. Wie gesagt: Auch sie reesen. Wenn sie einen Rees halten, dann denken wir allzu leicht von Vorurteilen Befallene, es ist Jägerlatein.

Der Staffelkapitän dieser Seefliegerstaffel ist der Hauptmann Nagel. Er reest über seinen klugen Hund. Wenn der ausgeht, der Hund, und aus der Stadt Drontheim zurückkommt, wo er manchmal amouröser Angelegenheiten wegen zu tun hat, dann steigt er allein, bitte schön, in die Straßenbahn, in die Drei natürlich. Nicht in die Sieben oder die Eins. Er springt auf die hintere Plattform der Drei und fährt nach Hause. Allein, ganz allein, natürlich. Der Hauptmann ist eine Art Treuhänder für Seefliegerrees.

Wenn sie an der Back sitzen, auch die gibt es bei den Seefliegern, und Doko spielen, was eine Abkürzung und Verballhornung des Wortes Doppelkopf ist, wenn sie dies also tun, dann beginnt ein ungeheurer Rees. Der Slang der Spieler ist verblüffend, sowohl im rein Akustischen als auch im Vokabular, im Wortschatz, in der Beredsamkeit, in der Vielfalt. Das rein Akustische ist von einer erstaunlichen Lautstärke, das Vokabular verwirrend. Der Hauptmann hat auch eine Rees-Pinne, ein Stock, der dem gereicht wird, der etwas auszusagen, soll heißen: zu reesen hat. Feierlich ist die Übergabe. Wenn sie von den Weibern reden, ist es nicht zum Anhören. Die Rees-Pinne ist dann der Phallus. Pornographie reden sie in Vokabeln, die nicht schweinisch genug sein können.

Woher der Rees der Seeflieger kommt? Es ist nicht zu sagen. Theoretisch ist ihm nicht beizukommen. Dem Klang des Wortes nach könnte man mißverständlich ein allgemeines Kaleika vermuten, das erfunden wurde, um dem Fremdling eins »überzubraten«. Es wäre eine Verleumdung.

Den Seefliegern könnte man diesen Hauptmann als Patron geben, obwohl vermutlich Ikarus, Sohn des Dädalus, der als erster übers Meer flog, Anspruch erheben wird, als solcher zu gelten. Der Hauptmann, den sie aus einem erfindlichen oder unerfindlichen Grunde »gustaf nagel« nennen, wie wir schon sahen, korrigiert mit seinem Rees die Gebresten, Sorgen und Schmerzen all seiner Männer. Sein Rees ist heilsam, ist für manchen Medizin. Es stimmt, er hat den wortreichsten Sprachschatz aller Seeflieger.

Aber dennoch ist der Rees, seiner vor allem, ohne jedes Pathos. Er bedient sich des Reesens selbst dann, wenn andere todernst einem Problem nachspüren, das für ihn gar keins sein kann, weil er unkompliziert an die Dinge herangeht und auch solchermaßen hinter die Dinge kommt. In seinen Augen ist immer ein leichtes Zwinkern, das sagt: Haut hin! Wird gemacht! Geht in Ordnung! Das Obszöne geht in seiner Abwesenheit über die Bühne. Sich einen Rausch antrinken, ja, das kann er auch.

Der Hauptmann hat außer dem Straßenbahn fahrenden Hund eine wahre Armee von Kaninchen (als Fliegerzusatzverpflegung, wie er zwinkert), solche mit weißem Fell und roten Augen und blaue. Das ertragreichste von allen ist die Häsin Amalie, die bisher ganze Kaninchenvölkerschaften gesetzt hat und der als Dank das Gnadenbrot der Staffel gegeben wird. Aber auch mit Amalie reest der Hauptmann in seiner burschikosen Art: »Amalie, sag' ich, reiß dich am Riemen, sonst geht's ...«, und dann die Bewegung des Halsabschneidens. Auch mit seinen Tomaten, die er längs der Baracke gepflanzt hat, reest er. Allabendlich werden sie fromm besprochen, damit sie endlich, endlich gedeihen. Denn wir sind ganz dicht am nördlichen Polarkreis.

Der Rees ist eine Art Seemannsgarn. Abgesehen davon, daß er von jener kräftigen, bildhaften Art ist, wie ihn die Soldatensprache im Zweiten Weltkrieg geschaffen hat, jene Art, die mit einem kurzen Satz eine Hürde nimmt, hat sie etwas ungemein Handfestes und Plastisches, auch Skurriles und Groteskes, aber auch Vertrauenerweckendes. Sagten wir nicht, daß sie die nächsten Verwandten der Seemänner sind?

Die Fernaufklärer, sagt gustaf nagel, sind die ärmsten Schweine in der Fliegerei, aber die Seefernaufklärer sind die allerärmsten.

Keine besonderen Vorkommnisse

Schauspiel des Morgens

Rechter Hand muß Island, linker Hand Grönland liegen, wirnsp fliegen in der Dänemarkstraße.

Die »Condor« fliegt mehr gemessen als schnell und auch, scheinbar, nicht schneller als ein Wanderer, der mit schnellen Schritten ausgreift. Tiefste Nacht, die alle Farben auslöscht. Die vertrauten Vorstellungen des Nachthimmels der Kindheit waren anders. Damals sagte ich zu meiner kleinen Schwester: Das ist die Gluckhenne, und ich meinte das drängende Siebengestirn der Plejaden, gefolgt vom Orion, vom Großen und Kleinen Hund.

Ich schaue durch das Plexiglas des Kanonenstandes und sehe sie deutlich, jene rührend getreuen sieben Geschwister, von denen mir nur noch Elektra und Alkyone dem Namen nach geläufig sind. Fünfhundert Jahre, sagte unser Lehrer, brauchte das Licht dieser Sterne, ehe es unser Auge trifft. Es ist gut, daß uns der Maßstab fehlt.

Ich schaue das matt leuchtende Fadenkreuz des Reflexvisiers, das wie ein magisches Sternbild zu leuchten anhebt. Ich sehe hinunter zu Flugzeugführer und Beobachter, deren Köpfe unter den Hauben sich wie dunkle, milde Kugeln gegen die bläuliche Instrumentenbeleuchtung abheben. Und ich lausche in mich hinein. Es ist da doch etwas, eine unausgesprochene Frage: Hast du Angst? Angst? Schwätz nicht so dumm. Irgendwie ist Angst in mir. Verwirrt hört man den Tumult der Motoren. Wenn der Blick nach draußen geht und die Augen sich weiten, steht das Bahrtuch der Nacht vor den Scheiben. Nur der fahle Widerschein der Sterne ist ein Element der Belebung. Es ist ein Uhr fünfzehn.

Die sparsamen Gespräche der Besatzung verbergen die Bewegung, die in eines jeden Inneren vor sich gehen muß. Ob Verbindung mit dem Peiler besteht? fragt eine Stimme. Ja, entgegnet es beruhigt.

Den Großen Wagen, die Deichsel vornübergekippt, sehe ich jetzt deutlich. Die Linie der hinteren Achse fünfmal verlängert, dort steht der Polarstern! Meine kleine Schwester hatte ihn den dicken Stern genannt. Selbst eingedenk der Schrecken, die auf dieser Welt zu Hause sind, will der Zauber dieser Nacht an nichts verlieren. Eine Stimme sagt: Wir können bald umkehren. In der zweiten »Condor«, die zehn Kilometer entfernt fliegt, backbord, wird der Kriegsmaler, mein Freund Heinrich Klumbies, bei seinen Gedanken sitzen.

Um diese Stunde ist es, als das Schauspiel des Morgens beginnt. Nicht in zählbaren Zeitabschnitten, in Sekunden oder Minuten! Im Osten hebt ein inneres, man möchte sagen unbemerktes Leuchten und Glänzen an. Und es setzt sich der Eindruck durch, daß das bislang Dunkle des Horizontes in eine Trübung, die Trübung in ein Helleres übergeht, das farbig wird und in seinem kosmischen Vorgang unheimlich wirkt. So habe ich nie ein Morgengrauen, einen Morgen, ein Tagwerden erlebt. Die Verfärbung schreitet rasch vor sich.

Es ist klar, daß das alles seinen Impuls von der Sonne empfängt, die einstweilen nicht zu sehen ist. Selbst von uns noch nicht, die wir – ich kann schwach den Höhenmesser erkennen – nur achtzehnhundert Meter hoch sind. Bestünde nicht die Gewißheit, daß die Quellbewölkung gen Norden, gen Grönland, wirklich Wolken wären, man könnte sie für schneebedeckte Berge halten.

Ohne rechten Maßstab schwindet die Zeit. Sie muß doppelt wiegen. Einmal frißt sie die Nacht, zum anderen gebiert sie den neuen Tag. Die ersten Farben sind übrigens nicht strahlend, wie man vermuten könnte, sondern blaß.

Diese Stunde birgt die Ahnung von der Weltweite in sich. Es kann niemand anderen geben als den Flieger, dem diese Ahnung auch nur entfernt so eingeht. Es ist schwer, dies mit Worten zu verdeutlichen. Wenn ein neues Weltbild einst erstehen sollte, dann wird er allein, der Flieger, zu dieser sich bildenden Wandlung beigetragen haben, seine Vorstellung und seine Anschauung von den Dingen haben dies geschafft.

Ich muß wieder an meine Schwester denken. Wie ein leiser Fanfarenstoß war es, wenn sie sagte: Der dicke Stern ist weg, bald kommt die Sonne!

Spontan nimmt in diesem Augenblick das Auge den Sonnenball wahr, der über den Horizont des Meeres kommt. Ein rötlicher Schimmer ist es zunächst, orange und grünlich auch; dann wird es, von Minute zu Minute, unruhiger, greller, und schließlich bricht Brand aus. Brandige Lohe schießt über den ganzen Himmel. Wo sich Wolken in den Weg stellen, ist es ein Furioso. Klar und plastisch ist nichts. Auch unser Flugzeug ist in diesen Brand der Strahlen und des Lichts getaucht: Flächen, Motoren, rotierende Luftschrauben, Rumpf und Leitwerk. Zusehends wird es Tag. Unten ist das Meer, von tiefer schwärzlich-grünlicher Grundfarbe, darüber, wie in einem Tiegel laufend, silbrig und feurig, sich an den Wellenkämmen brechend, das Tageslicht. Unermeßlich ist die Stunde.

Ich will es aufschreiben: Verkündung des Morgens, Schauspiel des Morgens! Ein Schauspiel ohne Schauspieler und ohne Zuschauer, es sei denn, wir sechs Männer in der Verlorenheit des Flugzeuges. Kaskaden von Licht, überschäumend in dieser Unendlichkeit! Ein Feuerwerk von blitzenden Kristallen! Das ist der Morgen über dem Nordmeer.

Ich sage: der Flieger lebt in Anschauung und Vorstellung in einem anderen, von ihm neu entdeckten Weltgebäude. Wir verklären es poetisch, wissen der Erscheinung aber noch keinen Namen zu geben.

Die Maschine, in der der Kriegsmaler war, landet zehn Minuten nach uns in Örlandet. Er sagt: So einen Morgen habe er noch nicht gesehen.

Sturmflug mit Spitzenböen von 80 km/h

Wie es jaulte, wie es fauchte, wie es blies und stöhnte. Die kümmerlichen Birken um den Flugplatz Banak legten sich duldsam zur Erde, denn die entfesselten Stürme des Polarmeeres brausten über die schneegekrönten Berge und suchten den Weg in die Täler. Die Energie des Sturmes stand in einem wirksamen Gegensatz zu der Klarheit des Himmels. Nur von Westen schob sich der Bug eines dicken Wolkenschiffes heran. Spitzenböen von 80 Stundenkilometern, die der Meteorologe maß, standen quer zur Startbahn. Ein mit allen Wassern gewaschener, mit allen Künsten und Kniffen des Fliegens vertrauter Pilot konnte den Start wagen und das Flugzeug meistern. Zu den Böen gesellten sich in dieser zerrissenen Berglandschaft gefährliche Fallwinde. Ein mächtiger Stiem schnob und stöhnte. Der Hauptmann wagte den Start.

Als die Maschine die Bergspitzen erreicht hatte – Grund genug, um erleichtert aufzuatmen –, kam die dicke Wolke heran, die sich zunächst als hauchdünnes, halb dunstig amorphes, halb zartflatterndes Gebilde erwies. Dann prasselte plötzlich harter Graupelschlag gegen die Kanzel, dann wischte ein Schneeschauer gegen die Scheiben, und endlich war es ein unentwirrbarer fasriger Nebel, durch den das Flugzeug höher und höher stieg. Hinter uns saßen der Hauptmann am Steuerknüppel, neben ihm der Leutnant als Beobachter. Der hatte ein Kartenblatt vor sich und begann zu notieren. Zahlen und Buchstaben reihten sich aneinander, unergründlich für den, der nur zuzuschauen hat.

Mit aufregender Eile kamen neue Wolken heran, bauten sich zu riesenhaften Wällen und Türmen auf, zerbrachen wieder, liefen auseinander und wuchsen zu neuen Gebilden. Und unser Flugzeug flog mitten hinein, nicht ausweichend, nicht höher ziehend oder zur Seite.

Plötzlich wurde das Meer unter uns sichtbar. Sehr hohe Wellenberge, von dichten Schaumstreifen überflogen, waren zu sehen. Am Seegang konnte man die Windstärke ablesen. Diese Wellenberge unten zeigten Windstärke 10, schweren Sturm. Das Nordmeer, hämisch und boshaft, grinste. Es war ein Tag wie Hunderte vorher, unabänderlich im Gesetz der Jahreszeiten ablaufend.

Dies war das Reich der Aufklärer. Und das Reich des Blindflugs! Völlig abseits vom großen Geschehen scheinen sie zu fliegen. Sie suchen den Feind nicht, der uns geläufig ist, obwohl sie auch mit ihm Berührung haben. Sie suchen das Duell in den Lüften nicht, obwohl es auch dazu kommt. Ihr Feind sind die Elemente. Ihr größter Feind ist die Vereisung. Der obersten Führung sollen sie ein möglichst lückenloses Bild vermitteln. Wo fährt ein einzelner Pott nach Murmansk oder wo kommt einer von dort?

An Bord haben sie geheimnisvolle Geräte und Instrumente. Sie wissen, wo das Hoch beginnt und das Tief aufhört, und sie können einem sagen, warum das Wetter oft so wechselvoll ist. Sie wissen zu erklären, daß das, was wir als Wind, also als Versetzung der Luftmassen wahrnehmen, auf die Wärmezufuhr von der Sonne zur Erde, auf den Luftaustausch zwischen warmen und kalten Teilräumen der Atmosphäre zurückzuführen ist. Sie registrieren Land-, See-, Berg-, Tal- und Monsunwinde. Die Wolken teilen sie in Haufen-, Schicht- und Federwolken, und als »Front« bezeichnen sie jede Grenze zwischen einer Kalt- und einer Warmluftmasse. Die Gebiete der Polarregionen sind gewaltige Sammelbecken kalter Luft.

Unentwegt ist der Beobachter bei seinen Notizen. Barometrische Tendenz, Witterungscharakter, Sichtverhältnisse, Treibeis- und Packeisgrenze, außergewöhnliche Vorgänge – alles notiert er. Er müßte ein Meteorologe sein.

Es jaulte und blies, wir sagten es. Es war ein Tag spät im Jahre, ein Tag voll Sturm, Unruhe und Bedrängnis. Manchmal dünkte uns, der Himmel hätte alle Elemente entfesselt. Der Sturm stand schräg von vorn zur Maschine. Die He 111 hielt sich tapfer. Wie ein verbissenes Tier schnob sie dahin, nicht anders. Und wie ein solches, hängenden Kopfes und mahlend wie ein störrischer Stier, mühte sie sich zur Küste Norwegens zurück. In jäh aufkommenden Böen, in wildem Stiem suchte sie den Horst, der irgendwo zwischen den Bergen lag, in der Geborgenheit des Gebirgstales, wie es scheinen konnte, aber doch von Gefahr umwittert und von Tücke und Bosheit umstellt.

Plötzlich meldete der Horst: »QBI am Platz!« Das heißt: die Schlechtwettervorschriften sind in Kraft. Zwei Minuten danach: »Dora X, Dora X, Ausweichhafen Alta anfliegen!«

»Habe keinen Sprit mehr!« antwortete der Kommandant. Jetzt wurde es dramatisch. An der Bodenstelle wurde Alarm ausgelöst, sämtliche laufenden Motoren wurden abgestellt. Feuerwehr und Sanitäter zur Stelle. Die »Radieschen«, die Ortungsleuchtzeichen, wurden vom Platz in die Wolken geschossen. An Bord hatte die Spannung ihren Höhepunkt erreicht. Auf den Befehl »ZZ« stieß die Maschine durch die Wolkenuntergrenze.

Als das Fahrwerk aufsetzte, am frühen Nachmittag, ging der Tag zur Neige. Der Kopf dröhnte, das Kreuz schmerzte. Acht Stunden waren wir unterwegs, keine Maschine hätte man bei diesem Wetter hinausgeschickt. Die Aufklärer mußten hinaus. Das ist ihr Brot, ihr tägliches saures Brot.

Wie ein geschundenes Tier, das den Zweikampf bestanden hat, so schien das Flugzeug, das nun langsam in die Halle rollte.

Der Hauptmann meinte: »Reicht es Ihnen?«

Ja, es langte. Klatschnaß waren sie alle.

Die violette Wolke

In der Vorstellungswelt des Knaben spielten die Wolken eine große und wichtige Rolle. Die Wolken blieben ihm das behütete Inbild der Ferne. Sie kamen für ihn vom Ozean, und wenn sich die Gedanken darin verloren, geriet die Unruhe über ihn.

Dreißig Jahre später war er Soldat, und er saß in einer Flugzeugkanzel in einem engen Gehäuse aus Plexiglas, Verbleiungen und Verstrebungen, aus dem nach vorn und hinten Maschinengewehre drohten, und flog über den Ozean.

Es mag die Wahrheit sein: Er war zu angespannt bei seinem

Werk in der Flugzeugkanzel, um an die Wolken zu denken, die damals als magische Erscheinung vom Niederrhein herübergekommen und als irdische und himmlische Gegebenheit unverlöschlich in sein Bewußtsein getreten waren. Er hörte nur gelegentlich die Befehle des Flugzeugführers, die krächzend über die Membrane der Kopfhaube kamen, des Oberleutnants Lindhorst: »Funkgerät hunderteins einstellen!« oder »Hebel B auf Mittelstellung!«

Nichts war schöner an Würde und Männlichkeit als der Flugzeugführer, der schräg vor ihm saß, und dessen Profil er ab und zu sah. Der sah aus wie ein Mann aus der Odyssee, nur, vom langen Fliegen herrührend, mit einer hektischen Röte auf den Wangen, die Augen glanzlos, wie erblindete Spiegel.

Da krächzte plötzlich über die Membrane wieder die Stimme des Flugzeugführers, des Oberleutnants. Die Stimme sagte nichts anderes als: »Seht euch die Wolken an!«

Neben dem Flugzeugführer saß der Beobachter, der Referendar, der ein kräftiger Bursche war mit einem Kreuz, breit wie ein Kleiderschrank, wie der Oberleutnant beim Einsteigen scherzhaft festgestellt hatte. Dann noch der Funker, der Feldwebel, der eine eigentümliche Art hatte, sich nach rückwärts zu beugen, wenn er vom Beobachter den Zettel in Empfang nahm mit den Sprüchen, die er abzusetzen hatte. Es war in der Kanzel, als ob der Hinweis des Oberleutnants auf die Wolken keine Erklärung verlange oder zuließe.

Es wird endlich notwendig sein, zu sagen, daß sich das Flugzeug um diese Zeit weit draußen auf See befand, wo es Aufklärung flog. Bis zu seinem Horst in Norwegen waren es mehr als tausend Kilometer.

Wir wissen genau, daß Flieger dabei andere Gedanken und Sorgen haben als Dingen nachzuhängen, die außerhalb ihrer

Realitäten liegen. Diese Sorgen sind der Druck der Pumpen und Motoren, die Stärke des Windes und des Seeganges, die Funkgeräte und die Peilungen. Nun hatte plötzlich der Oberleutnant das mit den Wolken gesagt. Und nun fügte er noch hinzu, und seine Einbildungskraft mochte eine Illusion erstehen lassen, die er sich gleichfalls aus der fernen Zeit der Knabenjahre bewahrt hatte: »Wunderbar, was!«

Es war um die neunte Morgenstunde, und sie flogen schon fast vier Stunden über dem Meer.

In diesem Augenblick geschah das mit der violetten Wolke. Ein mächtiger Kumulusballen wuchs aus den flatternden Wolkenbergen, die zu Hauf das Blickfeld umsäumten. Aus der Farbigkeit der Wolkenberge, die in Scharlach, Rosa und Orange, Rot und Ultraviolett, überhaupt in jeder Farbe des Spektrums zu glühen begannen, tauchte, schnell zum Riesen werdend und alles andere bald erschlagend, die violette Wolke auf. Einen Augenblick war einem, als könne so eine Wolke gar nicht aussehen, und einen Augenblick mochte einem die törichte Frage auf den Lippen liegen, ob man überhaupt noch auf der Erde oder wenigstens in ihrem Bannkreis lebe. Der Referendar hatte nur kurz aufgeschaut und sich dann mit dem Dreiecksrechner wieder über sein Kartenblatt hergemacht. Auch der Funker war ohne erkennbare Teilnahme.

Die Wolke sah aus, als berge sie im Inneren ein Licht von unvorstellbarer Magie, obgleich, wenn man es physikalisch betrachten wollte, die Sonne der Urheber war. Sie allein schickte ihre Strahlen auf die Wolke, durchfeuerte sie über alle vertrauten Maße hinaus, Schein und Widerschein hafteten auf dem Kumulusballen, der zur vollkommenen Herrschaft über das Bild geworden war.

Eben sagte der Oberleutnant wieder: »Funkgerät hunderteins einstellen!«, da schlingerte die Maschine in einen Wolkenbrei, der mit einem Male den ganzen Zauber der violetten Wolke – denn es war wirklich eine Verzauberung im höchsten Maße gewesen – zunichte machte, und jetzt wurde plötzlich dem Flieger die Erscheinung der Wolken aus der Hut der Knabenjahre bewußt, die ihm je und je die Ferne verheißen hatten, und die ihn nun, in dieser einsamen Stunde weit über der Gefährlichkeit des Meeres, überfiel, erinnernd mehr, aber im echten Erlebnis des Ewigen. Denn dies war die violette Wolke: das Ewige, das Bild der alten, großen Herrlichkeit dieser Erde, trotz Not und Tod und allen Schrecken, die auf dieser Welt waren.

Ein hilfloses Wort hätte man stammeln mögen, vielleicht Gott oder ähnliches oder welchen Namen wir auch der Erscheinung geben möchten. Diese Wolkenerscheinung war das Ewige gewesen.

Das Fliegerleben läßt sich in seiner Gefahr und in seinen Schrecknissen, zumal in diesem ungeheuerlichen Kriege, nicht mit sentimentalen Sprüchen verbrämen und es verträgt solcherlei literarisches Geranke nicht, aber es gibt Augenblicke, da wachsen diese Himmelserscheinungen aus dem Alltäglichen und Gewöhnlichen heraus und erhalten ein eigentümliches Gewicht, auch wenn sie zum Alltäglichen des Fliegers gehören mögen.

Am nächsten Tage waren sie wieder, die gleiche Besatzung, weit über dem Meer. Aber die Erscheinung der violetten Wolke kam nicht wieder. Es war vielmehr ein schauriges Gewölk, das sie über-, unter- und durchflogen, ein Schauspiel kaum noch wie tags vorher, sondern ein schwebendes Durcheinander von wilden Wolken, verschiedenen Familien angehörend, und geladen mit Vereisungsgefahr, im Zustand der Bildung und der Auflösung begriffen.

Ein Sturmvogel schoß eilig über das Meer, flüchtend vor dem großen Vogel des Ikarus. Einsam und still waren alle, auch der Oberleutnant, dem sich gestern das Bild der Wolke ins Herz geworfen hatte und von woher dann der Satz gekommen war: »Wunderbar, was!«

Vermischtes

Ein erlegter Bär brachte Trichinose

Bei den Arktisunternehmen des Marinewetterdienstes in den Jahren 1940 bis 1945 waren die Erfinder der Namen nicht kleinlich. Es waren Tarnbezeichnungen und sie hießen Unternehmen »Sachsen« (1940/41), »Knospe« (Spitzbergen 1941/42), »Nußbaum« (Spitzbergen 1942/43), »Holzauge« (Ostgrönland 1942/43), »Hessen« (1943), »Kreuzritter« (Spitzbergen 1943/44), »Baßgeiger« (Ostgrönland 1943/44), »Schatzgräber« (Franz-Joseph-Land 1943/44), »Edelweiß« (Ostgrönland 1944), »Edelweiß II« (Ostgrönland 1944), »Zugvogel« (1944/45) und »Haudegen« (Nordostland 1944/45). Es waren bemannte Wetterstationen, meist vier bis zwölf Mann. An allen war auch die Luftwaffe beteiligt, meist mit Versorgungsflügen. Es war für die Männer der Stationen immer ein monatelanges Leben in Ungewißheit und Feindseligkeit.

Zum erstenmal wurde 1943 auf dem entlegenen Franz-Joseph-Land nordostwärts von Spitzbergen eine Station errichtet, »Schatzgräber« genannt. Technischer und wissenschaftlicher Leiter der zehnköpfigen Station war der sechsunddreißigjährige Walter Drees aus Herford in Westfalen, Studienrat für Geographie, Mathematik, Physik und Leibesübungen. Drees und der aus Königszelt in Schlesien stammende Wetterdienst-Hilfsinspektor Garbaty, sechsundzwanzig Jahre alt, hatten Arktiserfahrung. Die Expedition wurde von dem Dampfer »Kehdingen« nach Alexandra-Land, der westlichsten Insel des Franz-Joseph-Archipels, gebracht. Maßgebend für die Wahl des Standortes waren gute Funkmöglichkeit und bestmögliche Tarnung. Fünf Kilometer von der Station entfernt lag an der Küste ein markanter Hügel, der »Bärenfels« genannt wurde, weil hier in den Tagen der Ausbootung ein Bär aufgestöbert wurde. Zweimal gab es für die »Schatzgräber« Nachschubflüge der Luftwaffe, und zwar mit einer viermotorigen Focke-Wulf 200 (FW 200), »Condor« von Banak aus, die beide Male von dem Oberleutnant Stahnke, einem erfahrenen Eismeer-Aviaten vom K.G.40 – er stammte aus Bielefeld – geflogen wurden. An einem der Flüge nahm der Kriegsberichter Dr.-Ing. Rümmler teil. Es war bedeutungsvoll, daß die Wetterstation einen großen Philipssender hatte, mit dem sie Peilzeichen geben konnte. Beim zweiten Flug 1944 war Stahnke mit seiner Maschine durch starken Südostwind abgetrieben worden und schon 100 km zu weit geflogen, als die Maschine die Peilzeichen aufnahm und noch ihr Ziel fand.

Die Verköstigung der Station litt darunter, daß man monatelang nur Konserven bekam. Der Wunsch nach Frischfleischkost ließ sie einen Bären schießen, der die ersehnte Abwechslung brachte und mit Schabfleisch, Würsten und Schinken etwas vielseitiger wurde. Der zweite Bär, den man erlegte, war Auslöser einer gefährlichen Erkrankung. Außer dem Wetterdienst-Hilfsinspektor Hoffmann, einem Breslauer, der nur wenig von dem rohen Fleisch probiert hatte, erkrankten alle Teilnehmer, am schlimmsten der zweiundzwanzigjährige Obergefreite Blankenburg aus Leipzig, der als Schlachter den Bären verarbeitet und am meisten von dem Bärenfleisch gegessen hatte. Heftige, ruhrartige Darmkatarrhe mit Leibschmerzen, Übelkeit, Erbrechen und hohem Fieber waren bei fast allen die Folge. Vier Wochen lagen die meisten in ihren Kojen. Die ärztliche Diagnose kam alsbald über Funk von der Admiralität in Norwegen: Trichinose. Ein Flugzeug werde kommen, auf Franz-Joseph-Land landen und die Kranken mitnehmen, lautete der Befehl. Aber durch das Tauwetter des Frühjahrs war es nicht mehr möglich, eine Landebahn von 1600 Meter zu erstellen. Der Chef der Station, Drees, erlitt einen Nervenzusammenbruch.

Oberleutnant Stahnke, obwohl Befehl bestand, einen Arzt mit Fallschirm abzusetzen, wagte eine Landung auf dem Eis, wobei es bei der »Condor«-Maschine einen Radbruch gab und nicht mehr gestartet werden konnte. Aus Marseille am Mittelmeer wurde eine sechsmotorige »Gigant«-Maschine in den hohen Norden befohlen, die ein Reserverad für die »Condor« brachte, das sie ohne Landung abwarf. Auf einer Landebahn von nur 600 Meter Länge hat Stahnke den »kriminellen« Start gewagt und die Maschine hoch bekommen. Er brachte alle heil nach Banak und Drontheim. Unternehmen »Schatzgräber« blieb das abenteuerlichste.

Kommunistische Mitgliedsausweise

Ein Kriegsberichter-Chronikeur, Hans. R. Queiser, hielt Rudi Müller, Oberfeldwebel, Ritterkreuz, von der 7., später von der 6. Staffel, für eins der »ersten großen Jäger-Asse am Eismeer«. Am 19. April 1943 wurde Müller nach einundneunzig Luftsiegen über dem Bolschoje-See abgeschossen. Morgens gegen zehn Uhr war man mit sechs Me 109 zur

»freien Jagd« in Salmijärvi gestartet. Die Chronik des Geschwaders beschreibt die Luftkämpfe dieses Tages präzise. Ein sowjetischer Fliegeroberst Kursenko hat in einem Buch »Jagdflieger« (Deutscher Militärverlag, Ost-Berlin) vom Frühjahr 1942, also einem Jahr vorher, dies über den damaligen Unteroffizier Rudi Müller festgehalten: »In diesen Tagen setzten die Faschisten eine mit einem besonderen Tarnanstrich versehene Messerschmidt ein. Die gestreifte Maschine und deren Gefährten hielten sich immer würdevoll über den übrigen patrouillierenden Jägern. An Gruppenkämpfen beteiligte sich dieses Paar nie. Sie überfielen nur Piloten, die geträumt hatten und dadurch abgekommen waren. Wir begannen, auf sie Jagd zu machen, doch das faschistische As war nicht so leicht zu erledigen.«

Die »Faschisten« durften den bündigen Schluß ziehen: damit war Müller gemeint, der dann, ein Jahr danach, am 19. April 1943, beim Angriff auf den Flugplatz Warlamowo, am Ostufer der Kolabucht, entweder von dem sowjetischen Fliegeroffizier Bokij oder dessen Regimentskommandeur, Hauptmann Skibnew, abgeschossen wurde und in Kriegsgefangenschaft geriet.

Müller stammte aus der Gegend von Frankfurt (Main), 1920 geboren, lebte aber in Berlin. Der Vater war wohl, und darauf wollen wir hinaus, Kommunist gewesen, hatte in einem Konzentrationslager gesessen, und einen Brief des Vaters trug Rudi Müller auf jedem Flug nach drüben in der Brusttasche seiner Kombination, als Versicherungsschein, wie er flüsterte. Die Geschwaderchronik verschweigt es, aber einer der Überlebenden, Walter Schuck, verbürgt sich für den Tatbestand. 1976 wird in der Chronik diese Fußnote angebracht: »Unterdessen liegt angeblich eine vom Roten Kreuz bzw. Roten Halbmond im Jahre 1968 an die Familie gerichtete Mitteilung vor, wonach Fw. Müller ›im Oktober 1943 in russischer Kriegsgefangenschaft gestorben‹ ist.«

Die Geschwaderchronik vermerkt aber das Schicksal des Feldwebels Sepp Kaiser, eines Wieners, Pilot der 8. Staffel, der am 2. Weihnachtstag 1942 von russischer Flak über Murmansk abgeschossen wurde und mit dem Fallschirm aussteigen konnte. Der Fall hatte Seltenheitswert, ist aber verbürgt. Kaiser trug bei seinen Einsätzen den Mitgliedsausweis seines Bruders stets bei sich, der der Kommunistischen Partei Österreichs angehört hatte.

Im Sommer nach der Gefangennahme, also 1943, wurde Kaiser mit einem deutschen Gebirgsjäger – die Ereignisse waren gespenstisch genug – über der Tundra, südlich von Petsamo, mit Fallschirm und Funkgerät aus dem Bombenschacht einer Sowjetmaschine amerikanischer Bauart, einer Douglas-Boston, abgesetzt. Die Sowjets hatten die beiden als Funker ausgebildet, und nun erwarteten sie von ihnen, Meldungen über den Verkehr auf der Eismeerstraße Rovaniemi-Kirkenes hinüberzufunken. An der Eismeerstraße operierten von Anfang an Sowjetpartisanen. Die beiden Soldaten meldeten sich aber bei ihren alten Einheiten zurück. Diese Art Kriegsführung verursachte eigentümliche Schauer. Die Deutschen praktizierten die gleiche Kriegslist genauso, ebenfalls mit negativem Erfolg. Kaiser wurde zu einer Einheit ins Reich versetzt. Er hat den Krieg überstanden, aber drei Jahrzehnte keine Verbindung zu den alten Kameraden in Deutschland mehr gesucht. Irgendwo in Österreich war er nach dem Kriege von den Sowjets als Bürgermeister eingesetzt worden. Im Mai 1978 meldete er sich zum erstenmal: Schöne Grüße allen alten Eismeerjägern, leider könne er nicht kommen.

Das Horst-Wessel-Lied und ein Pistolenschuß

Spröde Stoffe für Kriegsfilme könnten zwei Ereignisse bei den Fernaufklärern liefern. Die vierköpfige Besatzung einer Ju 88 wurde über Kareliens Wäldern von Russen abgeschossen, machte eine Bauchlandung und versuchte, sich von der Murmanbahn zu den deutschen oder finnischen Linien an der Kandalakschafront durchzuschlagen. Wie ein Schauerroman waren nachher ihre Erzählungen. Von einer finnischen Feldwache wurden sie aufgegriffen, die die vier Deutschen für Russen hielt. Die Finnen verlangten, daß jeder für sich den Text des Horst-Wessel-Liedes aufsagen müsse. Und alle vier schafften mit Mühe und Not die erste Strophe, die anderen Strophen kannte keiner von ihnen. Nur einem Zufall verdankten sie es, daß nicht kurzer Prozeß mit ihnen gemacht wurde. Mit der Haager Landkriegsordnung hatte das nichts zu tun. Da mehrere ähnliche Ereignisse vorkamen, lernten alle Flieger, die einmal in die Hände einer finnischen Feldwache fallen konnten, die Kurzfassung des Satzes »Saksa leisa«, das hieß: Ich bin deutscher Flieger.

Eine zweite Ju 88-Besatzung schleppte mehr als zwei Wochen einen Schwerverwundeten aus der eigenen Besatzung mit. Nachdem man sich die ganze Zeit von kalorienhaltigem Rentiermoos ernährt hatte, ein spezifisches Gewächs der Tundra, bat der Verwundete, dessen fiebriger Zustand sich mehr und mehr verschlimmerte, man möge ihn zurücklassen und seine Pistole durchladen. Die drei hörten nur noch den Pistolenschuß.

Der Krieg ging dem Ende zu. Aus dem hohen Norden verlegte im Februar 1945 die II. Gruppe des Jagdgeschwaders 5 unter dem Hauptmann Herbert Treppe die alte Zerstörerstaffel mit der Messerschmidt 110 südwärts nach Stavanger.

Trotz Treppes ausdrücklichem Befehl, das Staffeltier, einen lebenden Dackel, nicht mit an Bord zu nehmen, konnte sich der aus dem Schwäbischen stammende Flugzeugführer und Feldwebel Wunderle nicht entschließen, seinen Hund zurückzulassen. Wunderle, inzwischen von der zweisitzigen Me 110 – wo der Feldwebel Böse sein Bordfunker war – auf die einsitzige Me 109 umgeschult, nahm am 3. April 1945 bei der Verlegung von Drontheim nach Herdla den Hund »Lockheed« mit in die Me 109. Doch hier war kein Feldwebel Böse, der den Hund auf dem Schoß halten konnte. »Lockheed« entwischte Wunderle beim Start, kroch verängstigt in den Rumpf der Maschine, verfing sich in den Steuerseilen, Wunderle verlor die Kontrolle, bekam Bodenberührung und stürzte tödlich ab.

Einundzwanzig Jahre später – der Vorgang verträgt durchaus das Licht der Öffentlichkeit – erschien bei dem Sparkassenangestellten Böse in Stadthagen im Hannöverschen ein junger Mann. Böse traf der Schlag, denn vor ihm stand, wie aus dem Gesicht geschnitten, Martin Wunderle, sein einstiger Flugzeugführer, dunkelhaarig, mit den gleichen, etwas schwermütigen braunen Augen. Auf eine tiefvertraute Weise erlebte man das Menschliche: Der Feldwebel Wunderle, Freund Böse wußte es, war nämlich mit einer Norwegerin verlobt gewesen; und dieser junge Mensch nun, der Böse gegenüberstand, war der Sohn Martin Wunderles.

Man möchte es eigens berichten: Der junge Norweger, ein tüchtiger Spediteur, hat noch seinen Großvater aus dem Schwäbischen kennengelernt.

Generale

An einem Tag im beginnenden Herbst, 1943, geschah dieses: Der Befehlshaber der Luftflotte 5 (Norwegen-Finnland), Generaloberst Hans-Jürgen Stumpff, hatte an der Eismeerfront die ihm unterstellten Luftwaffenverbände inspiziert. Von Salmijärvi in Nordfinnland war der Rückflug nach Kemi am Bottnischen Meerbusen geplant, wo der Gefechtsstand des Luftwaffen-Befehlshabers lag.

Der Befehlshaber des deutschen XIX. Gebirgskorps in Lappland war der Generaloberst Ferdinand Schörner, von den Soldaten General Rasiermesser genannt. Dieser Schörner in der Erscheinung war der Schörner in der Idee: ein scharfer Hund. Schörner hatte in der Generalität Seltenheitswert. Er vereinigte militärische Wirkungen mit optischen: Er war ein dicker Kerl mit einem roten Weintrinkergesicht. Er reflektierte ein Leben, das zu Reflexionen nötigte. Er war der Sohn eines bayerischen Polizeiinspektors. Und sah auch so aus. Hier gilt es nichts hinzuzuerfinden: den fürchteten die Offiziere und die Landser wie den heiligen Gottseibeiuns.

Das zwiespältige und gespannte Verhältnis zwischen den beiden Befehlshabern Stumpff und Schörner war allen Soldaten offenkundig. Statt des Flugzeugs – es lag dicker Nebel über dem finnischen Lappland – nahm Stumpff das Automobil des Gruppenkommandeurs Ehrler zur Fahrt nach Kemi. Die Eismeerstraße von Salmijärvi über Ivalo, Rovaniemi bis Kemi, nicht ganz sechshundert Kilometer, mußte befahren werden. Sie unterstand Schörner, der generell eine Höchstgeschwindigkeit von achtzig Kilometern befohlen hatte. Außerdem durfte sie nur im Konvoi befahren werden, denn allenthalben wurde sie von sowjetischen Partisanen gestört.

Stumpff hatte sich mit Ehrlers Mercedes auf der Eismeerstraße in Marsch gesetzt. Der Fahrer fuhr hundert Stundenkilometer. Bald sagte er zu dem neben ihm sitzenden Ordonnanzoffizier, ein gleicher Mercedes, er sehe es im Rückspiegel, verfolge sie schon seit einer Weile. Und in diesem zweiten Wagen, wie sich gleich erweisen wird, saß Schörner. Es gab ein Überholmanöver, Schörner setzte sich vor Stumpffs Wagen, hielt an, zog resolut, wie es seine Art war, seine Pistole, und mit seiner berühmten Winkerkelle verwies er den Fahrer zum Halten. Eine Botschaft von Generaloberst zu Generaloberst wurde vernehmlich: Stumpff, der das Wagenfenster herunterkurbelte, sagte: »Guten Tag, wenn Sie es noch einmal wagen sollten, ein Fahrzeug der Luftwaffe anzuhalten, wird kein Entlastungsflug meiner Verbände für Ihre Divisionen mehr geflogen.«

General Silasvuo, Kommandierender General des III. Finnischen Korps in Kananaain (Tuopojärvi), brachte 1943 bei einem Abendessen einer deutsch-finnischen Offiziersgesellschaft mit diesen Worten einen Toast aus: »Die deutsche Werrmacht und der Fürrer Adolf Hitler – leb wohl, leb wohl, leb wohl!«

Bluemaster

Irgendwelche Privilegien mußten die Herren Jagdflieger in Nordfinnland, die täglich, wie es in ihrem Fliegerrotwelsch hieß, ihren Arsch in die Luft hängen mußten, doch haben. Sie bekamen vom Herrn Reichskommissar in Oslo Sonderrationen an Alkohol und Zigaretten zugeteilt. Die Zigaretten hießen Bluemaster und waren demgemäß in blauen Packungen. Die Sache hatte einen Übelstand: Die Sendungen kamen auf dem Seewege, gingen von Drontheim die norwegische Küste hoch, ums Nordkap, kamen in Kirkenes oder Petsamo an Land. So eine Schiffsreise dauerte drei Wochen.

Aus Oslo kam in Petsamo ein Herr in Uniform angereist, vom Herrn Reichskommissar überbrachte er schöne Grüße, und er möchte doch klären, daß die Zuteilungen schon vor vier oder fünf Wochen auf die Reise gegangen seien, er habe keine Erklärung für die Verspätung. Der Gruppenkommandeur, der Hauptmann Ehrler, ließ durchblicken, daß schon seit vier Monaten die Sendung immer verspätet bei der Truppe ankomme; das sei nicht gut, man solle mehr an die Truppe denken. Der Herr aus Oslo geriet in eine handfeste Sauferei. Den Eindruck einer hochgesteigerten Geistigkeit gewann er nicht bei diesen Fliegern. Das schienen ihm Rabauken zu sein, Landsknechte, um es klar zu sagen.

Weit nach Mitternacht war die Gesellschaft betrunken. Unerschöpflich waren die Flieger in ihrem Element, ihrer Laune im Erfinden neuer Phantasiestücke des Schimpfens. Es gab bald höllischen Lärm, Injurien hinüber und herüber, man ließ den Herrn Reichskommissar hochleben. Dann sagte ein vorlauter Leutnant, der gerade an diesem Tag mit dem Fieseler Storch aus dem Niemandsland der Tundra gerettet worden war – die Russen hatten ihn abgeschossen –, unverpackt diesen Satz: »Mein Herr«, lallte der Volltrunkene, »haben Sie schon mal das Gehirn eines Kameraden vom Instrumentenbrett eines Flugzeugs zusammengekratzt, die Reste in einen Sarg gelegt und mit Steinen beschwert, damit der Sarg das richtige Gewicht bekam? Haben Sie oder haben Sie nicht?« Hinsichtlich von Vorzügen und Mängeln ein dicker Hund. Es war ein wichtiges Ereignis, ein besonderes Vorkommnis sogar, daß der sofortigen Meldung bedurft hätte. Solche scharfen Sachen spricht man im Theater wohl zur Galerie hinauf.

Doch Ehrler, anderthalb Jahre vorher selber noch Leutnant, trat den jungen Mann in den Hintern, denn das konnte sie beide den Kopf kosten. Der Reichskommissar in Oslo war ein Freund des Reichsmarschalls, ihres obersten Kriegsherrn. Es hätte Tagesgespräch werden können.

Der Kommandeur und der Leutnant entschuldigten sich am nächsten Morgen beim Herrn aus Oslo, man habe zuviel getrunken. Es sei ohnehin eine gereizte Nacht gewesen. Und der Besuch hat später in Oslo keinen Ton von sich gegeben. Von da an kamen die Sonderzuteilungen für die Flieger pünktlich mit der Kuriermaschine von Oslo über Kemi nach Nordfinnland.

Abkürzungsverzeichnis

Zu den auf den Seiten 83, 101 f., 142 f., 149 und 154 abgedruckten Passagen aus dem Werk von J. Rohwer / G. Hümmelchen »Chronik des Seekrieges 1939–1945« (G. Stalling Verlag, Oldenburg 1968)

Die Dienstgradbezeichnungen wurden, sofern sie denen der deutschen Marine entsprechen, übersetzt. Wo eine Übertragung zu Mißverständnissen hätte führen können, wurde die Originalbezeichnung beibehalten. Die in Klammern gesetzten Dienstgradabkürzungen wurden im Personenregister verwendet.

Adm.: Admiral
A-Fl.: Artillerieträger-Flottille
BO: Großer (U-Boot-)Jäger, auch Wachboot (*B*olsoj *O*chitnik)
brit.: britisch
BRT: Bruttoregistertonnen
BV: Blohm + Voss

dt.: deutsch

F.A.Gr.: Fernaufklärer-Gruppe

IL-2: russisches Flugzeug

KAdm. (KA): Konteradmiral
K.Fl.Gr.: Küstenfliegergruppe
K. G.: Kampfgeschwader (Bomber)
KKpt. (KK): Korvettenkapitän
Kptlt. (KL): Kapitänleutnant
Kpt. 1. Rg. (K 1 R): Kapitän 1. Ranges
Kpt. 2. Rg. (K 2 R): Kapitän 2. Ranges
Kpt. 3. Rg. (K 3 R): Kapitän 3. Ranges
Kpt. z. S. (KsS): Kapitän zur See

M: Minensuchboot

norweg.: norwegisch

Oblt. (OL): Oberleutnant

RA: Geleitzug
RAF: Royal Air Force (brit. Luftwaffe)
R-Fl.: Räumboot-Flottille

S: Schnellboot
S.A.Gr.: Seeaufklärungsgruppe
S-Fl.: Schnellboot-Flottille
sowj.: sowjetisch
Squ.: Staffel (Luftwaffe), Geschwader (Marine)(Squadron)

T-5-Angriff: Torpedoangriff

Uj-Fl.: U-Jagd-Flottille
US: United States

VAdm. (VA): Vizeadmiral
Vp.: Vorposten-...

Wabos: Wasserbomben

Z: Zerstörer
Z-Fl.: Zerstörer-Flottille
Z. G.: Zerstörergeschwader (Luftwaffe)

Literaturverzeichnis

1. Roald Amundsen/Lincoln Ellsworth: Der erste Flug über das Polarmeer (Grethlein & Co. Leipzig/Zürich, 1927)
2. Roald Amundsen: Die Jagd nach dem Nordpol (Verlag Ullstein, Berlin)
3. Alfred Andersch: Hohe Breitengrade (Diogenes Verlag, Zürich, 1969)
4. Liv Balstad: Inseln im Rücken der Sonne (Claasen Verlag, Hamburg, 1961)
5. Heinz Barüske: Grönland, Wunderland der Arktis (Safari-Verlag, Berlin, 1977)
6. Cajus Bekker: Angriffshöhe 4000 – Ein Kriegstagebuch der deutschen Luftwaffe (Wilhelm Heyne-Verlag, München, als Taschenbuch aus dem Gerhard Stalling Verlag, Oldenburg/O., 1964)
7. Cajus Bekker: Augen durch Nacht und Nebel – Die Radar-Story (Gerhard Stalling Verlag, Oldenburg/O., 1964)
8. Georges Blond: Kurs Murmansk (Gerhard Stalling Verlag, Oldenburg/O., 1957)
9. Julius Büdel/Walter Imber: Spitzbergen (Kümmerly und Frey, Bern, 1968)
10. Wilhelm Filchner/Heinrich Seelheim: Quer durch Spitzbergen (E. S. Mittler und Sohn, Berlin, 1911)
11. Hans Eberhard Friedrich: Finnland (Hanns Reich Verlag, München, 1960)
12. René Gardi: Spitzbergen (Verlag Haupt und Katzmann, Bern/Tübingen, 1952)
13. Werner Girbig: Jagdgeschwader 5 »Eismeerjäger« (Motorbuch Verlag, Stuttgart, 1975)
14. Pavel Gordijenko: Die Polarforschung der Sowjetunion (Econ Verlag, Düsseldorf, 1967)
15. Ernst Herrmann: Das Nordpolarmeer (Safari-Verlag, Berlin, 1949)
16. Fred Hildenbrandt: Nobile – Die Tragödie im Polareis (Heyne Verlag, München, 1959)
17. Gunnar Holmsen: Spitzbergens Natur und Geschichte (Verlag Nordland, Berlin-Halensee, 1912)
18. Alwin Mortzfeld: Fernaufklärer im Großeinsatz (Verlag Erich Klinghammer, Berlin, 1943)
19. Otto Nordenskjöld: Die Polarwelt und ihre Nachbarländer (Verlag B. G. Teubner, Leipzig/Berlin, 1909)
20. Rohwer/Hümmelchen: Chronik des Seekrieges 1939–1945 (Gerhard Stalling Verlag, Oldenburg/O., 1968)
21. Raymond F. Toliver/Trevor J. Constable: Das waren die deutschen Jagdflieger-Asse 1939–1945 (Motorbuch Verlag, Stuttgart, 1977)

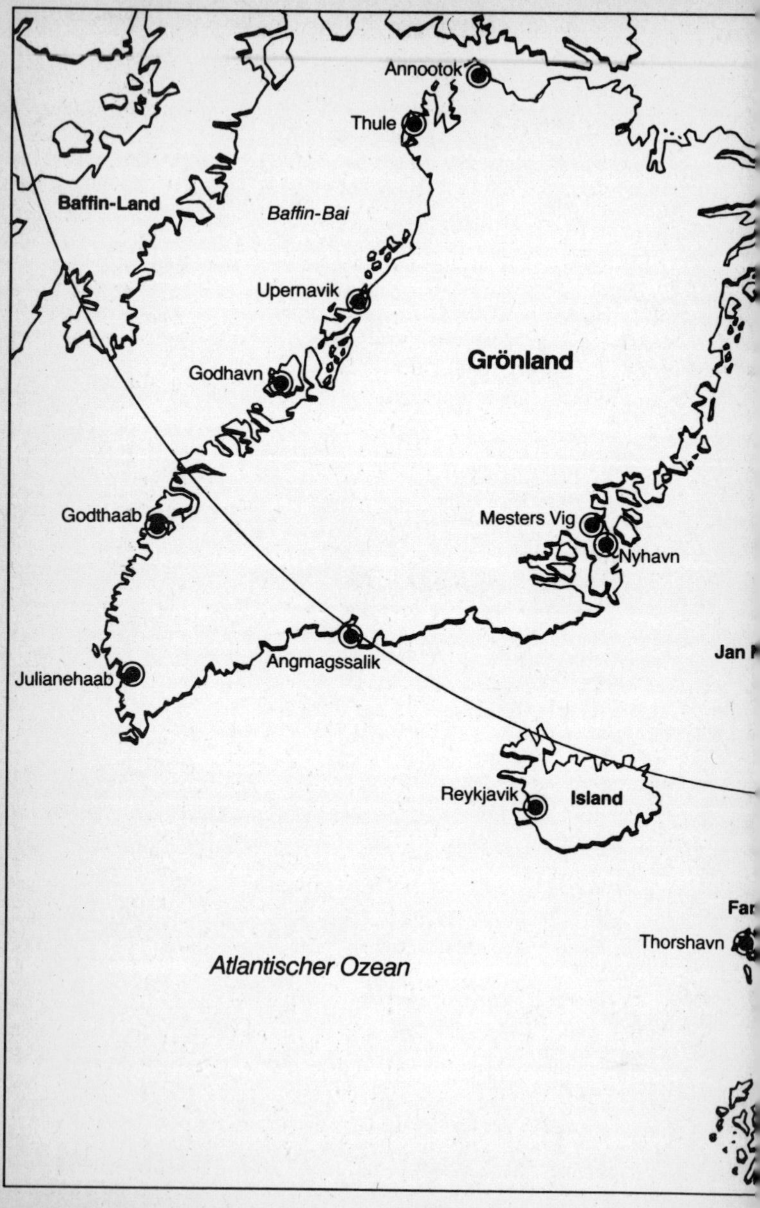

Annootok
Thule
Baffin-Land
Baffin-Bai
Upernavik
Grönland
Godhavn
Godthaab
Mesters Vig
Nyhavn
Angmagssalik
Julianehaab
Jan
Reykjavik
Island
Far
Thorshavn
Atlantischer Ozean